ALPMANN SCHMIDT

Handelsrecht

8. Auflage 2010

Alpmann Schmidt

Inhaltsverzeichnis

➲ Definition   ⚠ Beachte   ☞ Beispiel

Überblick

I. Begriff

- **Handelsrecht = Sonderprivatrecht der Kaufleute**
- Notwendig wegen der **besonderen Bedürfnisse** der Kaufleute im rechtsgeschäftlichen Verkehr:
  - rasche Abwicklung von Rechtsgeschäften (z.B. Mängelrüge gem. § 377 HGB)
  - Schutz des Rechtsverkehrs (z.B. §§ 15, 366 HGB)
  - Professionalität, insbes. Entgeltlichkeit (z.B. §§ 353, 354 HGB)
  - Selbstverantwortung (z.B. §§ 348 ff. HGB)

II. Anwendbarkeit

- Maßgebend für die Anwendbarkeit der HGB-Vorschriften ist der **Begriff des Kaufmanns:** zumindest einer der Beteiligten muss Kaufmann i.S.d. §§ 1 ff. HGB sein **(sog. subjektives System)**

⚠ Anwendbarkeit wird nicht isoliert vorweg geprüft, sondern die jeweilige HGB-Norm nennt Kaufmannseigenschaft eines (oder beider) Beteiligten als Voraussetzung

III. Verhältnis zum BGB

- Handelsrecht ist ein **Teil des Privatrechts**
- BGB-Regeln werden **ergänzt** – z.B. § 377 HGB neben §§ 437, 439, 323, 280 ff. BGB – oder **abgeändert** – z.B. ersetzt § 376 HGB den § 323 I, II Nr. 2 BGB –
- ansonsten bleibt BGB daneben anwendbar, vgl. **Art. 2 I EGHGB**

Kaufmannseigenschaft (1)

I. Kaufmannseigenschaft kraft Betriebes eines Handelsgewerbes

Gem. **§ 1 I HGB** ist Kaufmann, **wer ein Handelsgewerbe betreibt**.

1. Grundvoraussetzung: **Gewerbe**, d.h. jede nach außen erkennbare, erlaubte, selbstständige, planmäßig auf gewisse Dauer, zum Zwecke der Gewinnerzielung ausgeübte Tätigkeit, die kein freier Beruf ist.

   (1) **nach außen erkennbare** Tätigkeit
   z.B. (–) beim heimlichen Spekulieren an der Börse

   (2) **erlaubte** Tätigkeit (str.)
   ➲ zivilrechtlich gültige Verträge, also insbes. kein Verstoß gegen §§ 134, 138 BGB

   (3) **selbstständige** Tätigkeit
   gemeint ist **rechtliche Selbstständigkeit**; gem. § 84 I 2 HGB ist selbstständig, wer im Wesentlichen frei seine Tätigkeit gestalten und seine Arbeitszeit bestimmen kann

   (4) **planmäßig** auf gewisse Dauer angelegte Tätigkeit
   ➲ auf eine grds. unbestimmte Vielzahl von Geschäften gerichtet

   (5) **Gewinnerzielungsabsicht**
   str., ob Voraussetzung für handelsrechtlichen Gewerbebegriff

   - **M 1, Rspr. (+),** d.h. es muss Absicht bestehen, Überschuss der Einnahmen über Ausgaben zu erzielen (wird bei Privatunternehmen vermutet)
   - **M 2 (–)**, aber anstelle der Gewinnerzielungsabsicht wird entgeltliche Tätigkeit verlangt

   (6) **kein freier Beruf**
   historisch bedingt: Dienstleistung höherer Art steht im Vordergrund

   ⚠ Aufzählung freier Berufe in § 1 II PartGG gilt **nicht** für HGB

Kaufmannseigenschaft (2)

I. Kaufmannseigenschaft kraft Betriebes eines Handelsgewerbes (Fortsetzung)

2. **Handelsgewerbe**

§ 1 II HGB: „Istkaufmann“	§ 2 HGB: „Kannkaufmann“	§ 3 HGB: „Kannkaufmann“	§ 5 HGB: „Fiktivkaufmann“
▪ jeder Gewerbebetrieb, **es sei denn**, nach Art und/oder Umfang sind keine kaufmännischen Einrichtungen* erforderlich ▪ Eintragungspflicht gem. § 29 HGB **(deklaratorische Wirkung)**	▪ sonstige gewerbliche Unternehmen, wenn im Handelsregister eingetragen **(konstitutive Wirkung)** ▪ keine Eintragungspflicht	▪ land-/forstwirtschaftl. Betrieb ▪ nach Art und Umfang kaufmännische Einrichtungen erforderlich ▪ und ins Handelsregister eingetragen **(konstitutive Wirkung)** ▪ keine Eintragungspflicht	▪ Eintragung als Kaufmann im Handelsregister **und** ▪ Gewerbe wird tatsächlich (noch) betrieben

* **kaufmännische Einrichtungen** ➲ alles, was ein Kaufmann benötigt, um seinen Betrieb übersichtlich zu gestalten; insbes. kaufmännische Buchführung, Bilanzerstellung, Inventarerrichtung

3. **Betreiber** eines Handelsgewerbes
   ➲ derjenige, in dessen Namen das Handelsgewerbe ausgeübt wird, also derjenige, der aus den geschlossenen Geschäften berechtigt und verpflichtet wird.

Kaufmannseigenschaft (3)

II. Kaufmannseigenschaft kraft Gesellschaftsform

Gem. § 6 HGB ist Gesellschaft, die unabhängig vom Unternehmensgegenstand als kaufmännisch gilt, sog. **„Formkaufmann“**:

- GmbH, § 13 III GmbHG
- AG, § 3 I AktG
- KGaA, § 278 I AktG
- eG, § 17 II GenG
- EWIV, § 1 EWIVG
- SE (= Societas Europaea = Europäische Aktiengesellschaft), § 9 I c) ii SE-VO

III. Kaufmannseigenschaft kraft Rechtsscheins

Kaufmannseigenschaft kann sich aus allgemeinem Rechtsschein ergeben, sog. **„Scheinkaufmann“** (§ 242 BGB oder § 5 HGB analog)

(1) Rechtsschein der Kaufmannseigenschaft durch Auftreten im Rechtsverkehr zurechenbar gesetzt

(2) Dritter ist gutgläubig

(3) Dritter hat im Vertrauen auf den Rechtsschein gehandelt (konkrete Kausalität)

Publizität des Handelsregisters (1)

§ 15 I HGB – negative Publizität

I. Voraussetzungen

1. eintragungspflichtige Tatsache (nach h.M. auch bei sekundärer Unrichtigkeit; arg.: Wortlaut, Sinn und Zweck der Norm / nach h.M. auch bei konstitutiver Wirkung und bei Primärtatsachen; arg. Wortlaut)
2. keine Eintragung und/oder keine Bekanntmachung
3. Tatsache ist in Angelegenheiten desjenigen einzutragen, der sich sonst auf diese Tatsache berufen könnte
4. keine positive Kenntnis des Dritten
5. Vorgang im Geschäftsverkehr

II. Rechtsfolge

- Wahlrecht des Dritten: er kann sich auf das Nichtvorliegen der Tatsache oder auf die wahre Rechtslage berufen
- nach h.M. ist Wahlrecht auch teilbar, da § 15 I HGB dem Schutz des Dritten dient

§ 15 II HGB– positive Publizität

I. Voraussetzungen

1. eintragungspflichtige Tatsache (h.M.; arg.: Wortlaut und Regelungszusammenhang mit § 15 I HGB; zudem existieren für eintragungsfähige Tatsachen Sonderregeln, vgl. §§ 25 II, 28 II HGB)
2. korrekte Eintragung und Bekanntmachung
3. 15 Tage seit Bekanntmachung vergangen oder innerhalb der 15 Tage und Dritter kann seine Gutgläubigkeit nicht beweisen
4. Vorgang im Geschäftsverkehr

II. Rechtsfolge

- Wahlrecht desjenigen, in dessen Angelegenheiten die Tatsache einzutragen war: er kann sich auf die eingetragene Tatsache berufen, muss dies aber nicht

⚠ Seit 01.01.2007 sind gem. § 8 I HGB Handelsregister elektronisch zu führen und auch die Bekanntmachung muss elektronisch erfolgen, vgl. § 10 HGB (www.handelsregister.de)

Publizität des Handelsregisters (2)

§ 15 III HGB – positive Publizität

I. Voraussetzungen

1. eintragungspflichtige Tatsache (abstrakte Beurteilung, d.h. bei Unterstellung ihrer Richtigkeit)
2. unrichtige Bekanntmachung (= wenn sie mit der materiellen Rechtslage nicht übereinstimmt) – nach h.M. wird analoge Anwendung auf „reine Eintragungsfehler"
3. nach h.M. „modifiziertes Veranlasserprinzip": § 15 III HGB wirkt nur zulasten desjenigen, der die unrichtige Bekanntmachung irgendwie veranlasst hat (a.A.: § 15 III HGB wirkt nur zulasten von Kaufleuten; a.A.: keine weiteren Voraussetzungen erforderlich)
4. keine positive Kenntnis des Dritten von der Unrichtigkeit der Tatsache
5. Vorgang im Geschäftsverkehr

II. Rechtsfolge

- Wahlrecht des Dritten: er kann sich auf die bekannt gemachte Tatsache oder auf die wahre Rechtslage berufen

Allgemeine Rechtsscheinhaftung

I. Voraussetzungen

1. Fall, der von § 15 HGB/§ 5 HGB nicht erfasst ist
2. Kaufmann hat Rechtsschein zurechenbar erzeugt
   - unrichtige Eintragung zurechenbar veranlasst
   - unrichtige Eintragung schuldhaft nicht korrigiert
3. Gutgläubigkeit des Dritten (leichte Fahrlässigkeit schadet)
4. konkrete Kausalität: Dritter hat im Vertrauen auf den Rechtsschein gehandelt

II. Rechtsfolge

- Wahlrecht des Dritten: er kann sich auf den Rechtsschein berufen, muss dies aber nicht

Firma

I. Begriff

➲ **Name des Kaufmanns**, vgl. § 17 I HGB; **nicht** das Unternehmen, **nicht** das Handelsgeschäft

II. Firmengrundsätze

Firmen-unterscheidbarkeit	**Firmenwahrheit**	**Firmeneinheit**	**Firmenöffentlichkeit**
▪ § 18 I HGB Firma muss Unterscheidungskraft besitzen ▪ § 30 HGB keine Verwechslungsgefahr mit anderen Firmen am selben Ort	▪ § 18 II HGB keine Irreführung ▪ § 19 HGB Rechtsformzusatz	▪ für ein Unternehmen nur eine Firma ▪ Ausnahme: – organisatorische Selbstständigkeit – selbstständige Filialen	▪ Eintragungspflicht im Handelsregister, § 29 HGB ▪ auf Briefköpfen, §§ 37 a, 125 a HGB

Firmenbeständigkeit
- § 21 HGB: Namensänderung bei Inhaberidentität
- § 22 HGB: Erwerb unter Lebenden oder von Todes wegen
- § 24 HGB: Änderung im Gesellschafterbestand

III. Firmenschutz

1. Registerrechtlich: ▪ § 37 I HGB ▪ §§ 395, 399 FamFG

2. Privatrechtlich: ▪ § 37 II HGB ▪ § 15 MarkenG ▪ § 12, § 823 I BGB

Inhaberwechsel kraft Rechtsgeschäfts unter Lebenden, § 25 HGB

I. Haftung des Erwerbers gem. § 25 I 1 HGB i.V.m. ...

1. **Voraussetzungen**
   (1) Erwerb eines Handelsgeschäfts unter Lebenden (nach h.M. nicht bei Erwerb vom Insolvenzverwalter)
   (2) **tatsächliche** Fortführung des Unternehmens unter der bisherigen Firma mit oder ohne Nachfolgezusatz (nach a.A. ist Fortführung der Firma nicht erforderlich)
   ⚠ nach h.M. sind Wirksamkeit des Erwerbsgeschäfts, firmenrechtliche Zulässigkeit, Einwilligung des früheren Inhabers unerheblich; arg.: Schutz des Rechtsverkehrs
   (3) im Betrieb des früheren Inhabers begründete Verbindlichkeit
   (4) kein **unverzüglicher** Haftungsausschluss gem. § 25 II HGB

2. **Rechtsfolge**
   - Haftung des Erwerbers mit gesamtem Vermögen
   - „gesetzl. Schuldbeitritt": Veräußerer haftet (gesamtschuldnerisch neben Erwerber) weiter, aber Enthaftung nach 5 Jahren, § 26 I HGB

II. Abtretungsfiktion gem. § 25 I 2 HGB

1. **Voraussetzungen**
   (1) Erwerb eines Handelsgeschäfts unter Lebenden
   (2) tatsächl. Fortführung des Geschäfts unter der bisherigen Firma
   (3) Einwilligung des bisherigen Inhabers oder seiner Erben in die Firmenfortführung
   (4) im Betrieb des früheren Inhabers begründete Forderung
   (5) Abtretung der Forderung müsste tatsächlich (beachte § 354 a HGB) und formfrei möglich sein
   (6) kein **unverzüglicher** Ausschluss gem. § 25 II HGB

2. **Rechtsfolge:** Forderung **gilt** im Verhältnis zum Schuldner als auf den Erwerber übergegangen
   ⚠ Zwischen Veräußerer und Erwerber Bereicherungsausgleich gem. § 816 II BGB (h.M.)

Inhaberwechsel kraft Erbfolge, § 27 HGB

I. Haftung nach erbrechtlichen Regeln

- Gem. § 1967 BGB haftet der Erbe für Verbindlichkeiten des Erblassers **unbeschränkt** mit seinem gesamten Vermögen (Privatvermögen und ererbtes Vermögen)
- **Beschränkung der Haftung auf den Nachlass:**
  – gem. §§ 1975 ff. BGB durch Nachlassverwaltung und Nachlassinsolvenzverfahren
  – gem. § 1990 BGB durch Dürftigkeitseinrede

II. Haftung nach handelsrechtlichen Regeln

1. **Neben** erbrechtliche Haftung tritt gem. § 27 HGB eine **unbeschränkte handelsrechtliche Haftung**
2. **Voraussetzungen des § 27 HGB**
   (1) Handelsgeschäft gehört zum Nachlass
   (2) tatsächl. Fortführung des Handelsgeschäfts **und** der bisherigen Firma durch den Erben (h.M.)
   (3) im Betrieb des früheren Inhabers begründete Verbindlichkeit
   (4) keine Einstellung gem. § 27 II HGB innerhalb von 3 Monaten
   – Einstellung (+) -- bei Aufgabe von Geschäft und Firma
   -- bei Veräußerung des Geschäfts **ohne die Firma** (h.M.)
   – Einstellung (–) bei Veräußerung des Geschäfts **mit der Firma**
   – **Str.**, ob Einstellung **bei nachträglicher Firmenänderung** gegeben ist
   -- M 1: keine Einstellung (arg.: Wortlaut des § 27 II HGB und Missbrauchsgefahr)
   -- M 2: Einstellung (arg.: Haftungsanknüpfungspunkt ist Firmenfortführung; ist sie beseitigt, muss auch die handelsrechtl. Haftung entfallen)
   (5) kein **unverzüglicher** Ausschluss gem. § 25 II HGB (h.M.; arg.: Verweis des § 27 I HGB)
3. **Rechtsfolge: unbeschränkte Haftung** des Erben für die alten Geschäftsverbindlichkeiten

Einbringung eines Handelsgeschäfts in eine Personengesellschaft, § 28 HGB

I. Haftung der Gesellschaft gem. § 28 I 1 HGB i.V.m. ...

1. **Voraussetzungen**
   (1) Geschäft eines Einzelkaufmanns (bei Gesellschaftereintritt: §§ 130, 173 HGB)
   (2) Gründung einer Gesellschaft unter Einbringung des Geschäfts (OHG, KG)
   (3) tatsächliche Fortführung des Handelsgeschäfts (Firmenfortführung unerheblich)
   (4) im Betrieb des früheren Inhabers begründete Verbindlichkeit
   (5) kein **unverzüglicher** Haftungsausschluss gem. § 28 II HGB
2. **Rechtsfolge**
   - Haftung der Gesellschaft; daneben Gesellschafter, § 128 (i.V.m. § 161 II HGB); § 171 HGB
   - bisheriger Inhaber haftet weiter, aber Enthaftung nach 5 Jahren, § 26 I HGB

⚠ str., ob § 28 HGB analog gilt, wenn unter Einbringung des Geschäfts einer Einzelperson eine GbR gegründet wird (pro: Gläubigerschutz, Identität der Personengesellschaften; contra: § 28 II HGB)

II. Abtretungsfiktion gem. § 28 I 2 HGB

1. **Voraussetzungen**
   (1) Gründung einer Gesellschaft unter Einbringung des Geschäfts eines Einzelkaufmanns
   (2) tatsächliche Fortführung des Geschäfts
   (3) im Betrieb des früheren Inhabers begründete Forderung
   (4) Abtretung der Forderung müsste tatsächlich (beachte § 354 a HGB) und formfrei möglich sein
   (5) kein **unverzüglicher** Ausschluss gem. § 28 II HGB
2. **Rechtsfolge**
   Forderung **gilt** im Verhältnis zum Schuldner als auf die Gesellschaft übergegangen

Prokura, §§ 48 ff. HGB

I. Begriff, Erteilung

➲ handelsrechtliche Vollmacht mit gesetzlich festgelegtem, weitestgehendem Umfang

- nur durch **Kaufmann bzw. Handelsgesellschaft**; **persönlich** und **ausdrücklich**; § 48 I HGB
- im Übrigen gelten die §§ 164 ff. BGB
- Eintragungspflicht gem. § 53 I HGB, aber nur deklaratorische Wirkung

⚠ bei fehlerhafter Prokuraerteilung Umdeutung gem. § 140 BGB in Handlungsvollmacht/BGB-Vollmacht möglich

II. Umfang

- alle Geschäfte, die der Betrieb **irgendeines** Handelsgewerbes mit sich bringt, § 49 I HGB
  ⇨ also keine Beschränkung auf branchenübliche Geschäfte
- **Beschränkungen:** – Veräußerung/Belastung von Grundstücken, § 49 II HGB
  – Privat-/Prinzipalgeschäfte
  – Einstellung/Veräußerung des Handelsgeschäfts
- **Rechtsgeschäftliche Beschränkungen:**
  – im Außenverhältnis **grundsätzlich unbeachtlich**, § 50 Abs. I, II HGB
  Ausnahme: Lehre vom Missbrauch der Vertretungsmacht (Kollusion, Evidenz)
  – Gesamtprokura, § 48 II HGB; Filialprokura, § 50 III HGB

III. Erlöschen

- Widerruf der Prokura, § 52 I HGB
- Tod des Prokuristen
- Beendigung des Grundverhältnisses, § 168 S. 1 BGB
- Verlust der Kaufmannseigenschaft

⇨ Eintragungspflicht, § 53 II HGB; aber nur deklaratorische Wirkung; **beachte § 15 I HGB**

Handlungsvollmacht, §§ 54 ff. HGB

I. Begriff

➲ jede im Rahmen eines Handelsgewerbes erteilte Vollmacht, die keine Prokura ist

II. Erteilung

- auf jede gem. §§ 167, 171 BGB zulässige Weise
- durch jeden Kaufmann, persönlich oder durch Bevollmächtigte
- nicht eintragungsfähig

III. Umfang

- grds. vom Vollmachtgeber **frei bestimmbar**
- aber zugunsten gutgläubiger Dritter (vgl. § 54 III HGB) gilt **Vermutung** gesetzlich festgelegten Mindestinhalts gem. § 54 I HGB: **alle branchenüblichen Geschäfte**
  - **General**handlungsvollmacht: zum Betrieb eines Handelsgewerbes
  - **Art**handlungsvollmacht: für bestimmte Art von Geschäften
  - **Spezial**handlungsvollmacht: für bestimmte Geschäfte
- **Vermutung gilt nicht für:**
  - Geschäfte gem. § 54 II HGB
  - Prinzipal-, Privat-, Grundlagengeschäfte

⚠ Weitergehende Einschränkung des § 54 III HGB gilt nur für Beschränkungen, die über § 54 I, II HGB hinausgehen

IV. Erlöschen

- gem. §§ 168 ff. BGB

Vertretungsmacht des Ladenangestellten, § 56 HGB

I. Rechtsnatur

= nach h.M. **gesetzliche Anscheinsvollmacht**; nach a.A. echte rechtsgeschäftliche Vollmacht (arg. pro h.M.: Wortlaut des § 56 HGB „**gilt** als ermächtigt")

II. Voraussetzungen

- **Laden oder offenes Warenlager:**
  - *Laden* ➲ jede dem Publikum zugängliche, nicht notwendig dauerhafte Verkaufsstätte, auch offener Verkaufsstand
  - *offenes Warenlager* ➲ Stätte, die zur Lagerung von Waren dient und dem Publikum für Geschäftsabschlüsse zugänglich ist
- **Kaufmännischer „Angestellter":** nicht im arbeitsrechtlichen Sinn, sondern wer mit Wissen und Wollen des Prinzipals im Laden mit dem Publikum verkehrt
- **örtlicher Zusammenhang zwischen Laden und Geschäftsabschluss**
- **Gutgläubigkeit des Dritten** (§ 54 III HGB analog)

III. Rechtsfolge

- zugunsten gutgläubiger Dritter **gilt** Angestellter **als bevollmächtigt** für
  - **übliche Verkäufe** (schuldrechtliche und dingliche Geschäfte); nicht Ankäufe
  - **übliche Inempfangnahmen**; insbesondere Zahlungen

IV. Erlöschen

- mit Aufgabe der Tätigkeit

Selbstständige Hilfspersonen des Kaufmanns

I. im fremden Namen handelnd

Handelsvertreter, §§ 84 ff. HGB

- selbstständiger Gewerbetreibender
- auf Dauer für einen oder mehrere Unternehmer mit Geschäftsbesorgung betraut: Abschluss oder Vermittlung von Geschäften

⇨ Provisionsansprüche gem. § 87 HGB
⇨ Ausgleichsanspruch gem. § 89 b HGB

Handelsmakler, §§ 93 ff. HGB

- selbstständiger Gewerbetreibender
- nicht ständig für einen Unternehmer tätig, aber gewerbsmäßig
- vermittelt Verträge zwischen den Vertragspartnern

⇨ Provisionsanspruch gegen beide Parteien gem. § 99 HGB

II. im eigenen Namen handelnd

Kommissionär, §§ 383 ff. HGB

- selbstständiger Gewerbetreibender
- nicht ständig, aber gewerbsmäßig An- und Verkauf von Waren und Wertpapieren für Rechnung eines anderen

⇨ Provisionsanspruch, § 396 I HGB
⇨ Aufwendungsersatzanspruch, § 396 II HGB
⇨ Gesetzliches Pfandrecht am Kommissionsgut, § 397 HGB

- **Frachtführer, §§ 407 ff. HGB**
- **Lagerhalter, §§ 467 ff. HGB**
- **Spediteur, §§ 453 ff. HGB**

Handelsgeschäfte, §§ 343 ff. HGB

I. Begriff

- § 343 HGB: **alle Geschäfte eines Kaufmanns, die zum Betriebe seines Handelsgewerbes gehören**
- beachte Vermutung gem. § 344 HGB: **im Zweifel** kein Privatgeschäft, sondern **Handelsgeschäft**
- § 345 HGB: **einseitiges Handelsgeschäft reicht**, außer Norm fordert beiderseitiges Handelsgeschäft

II. Wichtige Abweichungen vom BGB

1. **Allgemein**
   - § 346 HGB: Handelsbräuche
   - § 347 HGB: Sorgfalt eines ordentlichen Kaufmanns
   - § 362 HGB: Schweigen bei Geschäftsbesorgung (im Übrigen ungeschriebenes Institut „Schweigen auf kaufmännisches Bestätigungsschreiben“; vgl. 🗗 8 BGB AT)
2. **Schuldrecht AT**
   - §§ 352, 353 HGB: Zinsen i.H.v. 5 % ab Fälligkeit (anders §§ 246, 288, 291 BGB)
   - § 360 HGB: Gattungsschuld (Ergänzung zu § 243 BGB)
   - § 369 HGB: Zurückbehaltungsrecht ohne Konnexität/Identität (anders §§ 273, 320 BGB)
3. **Schuldrecht BT**
   - §§ 373 ff. HGB: Verwertungsrecht bei Annahmeverzug (Erweiterung der §§ 293 ff. BGB)
   - § 376 HGB: Fixhandelskauf (Sonderfall zu § 323 I, II Nr. 2 BGB)
   - § 377 HGB: Untersuchungs- und Rügeobliegenheit
   - § 348 HGB: keine Herabsetzung der Vertragsstrafe (anders § 343 BGB)
   - §§ 349, 350 HGB: Bürgschaft stets selbstschuldnerisch u. formfrei (anders §§ 766, 771 BGB)
4. **Sachenrecht**
   - § 354 a HGB: bei Geldforderungen Abtretung trotz vereinbarten Abtretungsverbots möglich
   - § 366 HGB: Guter Glaube an Verfügungsmacht geschützt (anders § 932 BGB)
   - § 366 III HGB: Gutgläubiger Erwerb eines gesetzlichen Pfandrechts (nach h.M. im BGB [–])

Schweigen auf ein Angebot zur Geschäftsbesorgung, § 362 HGB

- Grds. hat auch im Handelsrecht Schweigen nicht die Wirkung einer Willenserklärung
- Kaufmann muss aber in den Fällen des § 362 HGB auf ein Angebot zur Geschäftsbesorgung reagieren, sonst gilt sein Schweigen als Annahme

§ 362 I 1 HGB

I. Voraussetzungen

1. Antrag auf Abschluss eines Geschäftsbesorgungsvertrags
2. Antragsempfänger ist Kaufmann
3. Gewerbebetrieb des Kaufmanns muss Besorgung von Geschäften für andere mit sich bringen
4. Kaufmann muss mit dem Antragenden in einer Geschäftsbeziehung stehen
5. Antrag muss sich auf solche Geschäfte beziehen, die der Gewerbebetrieb des Kaufmanns mit sich bringt (= üblicher Geschäftskreis nach der Verkehrsanschauung)

§ 362 I 2 HGB

I. Voraussetzungen

1. Antrag auf Abschluss eines Geschäftsbesorgungsvertrags
2. Antragsempfänger ist Kaufmann
3. Kaufmann muss sich jemandem zur Besorgung von Geschäften erboten haben
4. Antrag muss sich im Rahmen des Erbotenen halten

II. Rechtsfolge
- Pflicht des Kaufmanns, unverzüglich zu antworten
- anderenfalls gilt sein Schweigen als Annahme, d.h., zwischen den Parteien kommt Geschäftsbesorgungsvertrag mit dem Inhalt des Antrags zustande

Erwerb vom Nichtberechtigten, § 366 HGB

- §§ 932 ff., 1207 ff. BGB regeln den Erwerb vom Nichteigentümer
- § 366 HGB schützt den **guten Glauben an die Verfügungsbefugnis**
- § 366 HGB verweist auf die §§ 932 ff., 1207 ff. BGB; daher ist § 366 HGB in der Falllösung immer i.V.m. diesen Normen zu prüfen

I. § 366 I HGB

1. **Voraussetzungen**
   (1) Veräußerer muss Kaufmann sein
   (2) Veräußerung einer beweglichen Sache im Betriebe des Handelsgewerbes
   (3) Gutgläubigkeit d. Erwerbers in Bezug auf Verfügungsbefugnis d. Veräußerers (§ 932 II, § 935 BGB)
   (4) im Übrigen wirksames Verfügungsgeschäft i.S.v. §§ 932 ff., 1207 ff. BGB
2. **str., ob § 366 I HGB analog bei gutem Glauben an die Vertretungsmacht anzuwenden ist**
   - h.M. (+); arg.: – HGB selbst trennt nicht scharf zwischen Ermächtigung und Vollmacht (vgl. § 49 I HGB);
     – Praktikabilität: wegen der Rechtssicherheit verstärkter Schutz gutgläubiger Dritter
   - Analogie gilt nach h.M. aber **nur für dingliche Rechtsgeschäfte**; denn nur hier greift das Argument der Rechtssicherheit; für schuldrechtliche Rechtsgeschäfte bleibt es bei §§ 177 ff. BGB

II. § 366 II HGB

- Erweitert § 936 BGB
- nach § 366 II HGB erlangt Erwerber lastenfreies Eigentum, wenn er Belastung kennt, aber gutgläubig den Veräußerer für befugt hält, ohne Vorbehalt des Rechts über die Sache zu verfügen

III. § 366 III HGB

- Regelung des § 366 I HGB gilt auch für die gesetzlichen Pfandrechte des HGB (Kommissionär, § 397 HGB; Spediteur, § 464 HGB; Lagerhalter, § 475 b HGB; Frachtführer, § 441 HGB)

Kaufmännisches Zurückbehaltungsrecht, § 369 HGB

I. Voraussetzungen

1. beiderseitige Kaufmannseigenschaft
2. fällige, klagbare und nicht einredebehaftete **Geldforderung** (h.M.; arg. ex § 371 HGB) des Zurückbehaltungs-Gläubigers gegen den Zurückbehaltungs-Schuldner
3. Forderung stammt aus einem beiderseitigem Handelsgeschäft
   ⚠ keine Konnexität erforderlich; anders § 273 BGB
4. tauglicher Gegenstand:
   - bewegliche Sache oder Wertpapier im engeren Sinn (z.B. Inhaberpapiere, vgl. §§ 793 ff. BGB)
   - grundsätzlich Eigentum des Zurückbehaltungs-Schuldners;
     Ausnahme: § 369 I 2 HGB
   - mit Willen des Zurückbehaltungs-Schuldners in den Besitz des Zurückbehaltungs-Gläubigers gelangt aufgrund eines Handelsgeschäfts
5. kein Ausschluss gem. § 369 III HGB durch widerstreitende Weisung

II. Wirkungen

1. **Zurückbehaltungsrecht**
   - Einrede
   - führt zur Zug-um-Zug-Verurteilung; § 274 BGB, Art. 2 I EGHGB
2. **Befriedigungsrecht** nach Pfandrechtsvorschriften, wenn vollstreckbarer Titel vorliegt
3. **Absonderungsrecht** im Insolvenzverfahren, § 51 Nr. 3 InsO

Kontokorrent, §§ 355 ff. HGB

➲ **laufende Rechnung**; dient der vereinfachten Abwicklung gegenseitiger Geldansprüche

I. Voraussetzungen

1. Mindestens einer der Beteiligten muss Kaufmann sein
2. Geschäftsverbindung, aus der beiderseitige Forderungen entstehen
3. Verrechnungsabrede (= Kontokorrentabrede) über 3 Punkte:
   - Ansprüche und Leistungen nebst Zinsen sollen in Rechnung gestellt werden
   - beiderseitige Forderungen und Leistungen sollen verrechnet werden
   - Verrechnungsergebnis (= Saldo) soll festgestellt und dem Partner mitgeteilt werden

II. Wirkungen

1. Einzelforderung verliert ihre Selbstständigkeit **(„Lähmung")**
   - Forderung kann nicht abgetreten (§ 399 BGB), verpfändet (§ 1274 BGB) oder gepfändet (§ 851 ZPO) werden
   - Aufrechnung mit ihr oder gegen sie ist ausgeschlossen, § 394 BGB
   - Hemmung der Verjährung, § 205 BGB analog
2. Verrechnung in regelmäßigen Zeitabschnitten mit Erfüllungswirkung und Entstehen einer eigenständigen **kausalen** Saldoforderung
3. Saldoanerkenntnis begründet neue **abstrakte** Saldoforderung, § 781 BGB

Annahmeverzug des Käufers, §§ 373, 374 HGB

- Gerät der Käufer bei einem Handelskauf (➲ Kaufvertrag über Waren oder Wertpapiere, der für mindestens einen Vertragspartner ein Handelsgeschäft ist) in Annahmeverzug gem. §§ 293 ff. BGB, so gelten die normalen BGB-Regeln, vgl. § 374 HGB
- aber Verkäufer hat gem. § 373 HGB **erweitertes Hinterlegungsrecht** sowie **wahlweise** Recht zum **Selbsthilfeverkauf**
- Vorschriften über den Handelskauf gelten auch für Tausch- und Werklieferungsverträge, § 381 II HGB

Hinterlegung

1. jede Ware ist hinterlegungsfähig (anders § 372 S. 1 BGB: nur Geld, Wertpapiere, sonstige Urkunden, Kostbarkeiten)
2. Hinterlegung in öffentlichem Lagerhaus oder sonst in sicherer Weise (anders § 374 I BGB: Hinterlegungsstelle am Leistungsort = Amtsgericht)
3. keine Erfüllungswirkung; Verkäufer ist nur befreit von der Aufbewahrungslast (anders § 378 BGB)

Selbsthilfeverkauf

1. alle Waren und Wertpapiere (anders § 383 I BGB: nur nicht hinterlegungsfähige Sachen)
2. Durchführung wie nach BGB durch öffentliche Versteigerung oder freihändigen Verkauf
3. **Wirkung:**
   – bei ordnungsgemäßem Verkauf: Erlöschen des Lieferungsanspruchs des Käufers gem. § 362 BGB; vgl. § 373 III HGB
   – ein nicht ordnungsgemäßer Selbsthilfeverkauf kann als Deckungskauf aufrecht erhalten werden, wenn sich Käufer auch im Schuldnerverzug befunden hat und die Voraussetzungen von §§ 280 I, III, 281 BGB gegeben waren

Handelsrechtliche Rügeobliegenheit, § 377 HGB (1)

I. Voraussetzungen gem. § 377 HGB

1. beiderseitiger Handelskauf

- Kaufmannseigenschaft beider Parteien
- KaufV (Tausch, WerklieferungsV, Darlehen) ist für beide Parteien ein Handelsgeschäft

2. Ablieferung der Ware

= vollständige Verbringung in Machtbereich des Käufers, sodass er Beschaffenheit prüfen kann

3. Ware mangelhaft i.S.v. § 434 BGB

- str., ob Rechtsmangel i.S.v. § 435 BGB ausreichend ist:
  - h.M. (+), da Sach- und Rechtmängel im BGB gleichgestellt sind und § 377 I HGB keine Differenzierung beinhaltet
  - a.A. (–), da Rechtsmängel bei Untersuchung nicht erkennbar (contra: § 377 III HGB)

4. Keine Arglist des Verkäufers, § 377 V HGB

II. Ordnungsmäßigkeit der Rüge

1. **Inhalt:** formlose Anzeige über Art und Umfang des konkreten Mangels
2. **Zeitpunkt**
   - bei **offenen Mängeln:**
     - ohne Untersuchung erkennbar ⇨ unverzüglich (vgl. § 121 I 1 BGB) nach Ablieferung
     - mit Untersuchung erkennbar ⇨ unverzüglich nach Ablauf der für eine ordnungsgemäße Untersuchung erforderlichen Frist
   - bei **versteckten Mängeln** (= solche, die auch bei korrekter Untersuchung nicht erkennbar sind): unverzüglich nach Erkennbarkeit, § 377 III HGB

Alpmann Schmidt

Handelsrechtliche Rügeobliegenheit, § 377 HGB (2)

III. Rechtsfolge

1. bei ordnungsgemäßer Rüge
Käufer hat die normalen Gewährleistungsrechte gem. § 437 BGB:

(1) *vorrangig* **Nacherfüllung** gem. §§ 437 Nr. 1, 439 BGB

(2) *nachrangig* – da grds. erst nach erfolglosem Ablauf einer dem Verkäufer zur Nacherfüllung gesetzten Frist –:
- gem. §§ 437 Nr. 2, 323 I BGB **Rücktritt**
- gem. §§ 437 Nr. 2, 441 I BGB **Minderung**
- gem. §§ 437 Nr. 3, 280, 281, 283, 311 a BGB **Schadensersatz oder Aufwendungsersatz** gem. § 284 BGB

2. keine ordnungsgemäße Rüge: gem. § 377 II HGB **Genehmigungsfiktion**

- **Käufer verliert die oben genannten Rechte, aber auch sonstige Rechte, die ihm wegen der Mangelhaftigkeit der Sache zustehen**, z.B. §§ 119 ff. BGB
  nicht: – § 280 I BGB wegen Verletzung vertragl. Neben-/Aufklärungs-/Beratungspflichten
  – §§ 823 ff. BGB (arg.: echte Anspruchskonkurrenz Vertragsrecht–Deliktsrecht)
- **Gegenleistung des Käufers** (gesetzlich nicht geregelt)
  - **vereinbarter Kaufpreis** bei Schlechtlieferung, Zuweniglieferung oder minderwertigem aliud
  - str., ob bei wertvollerem aliud höherer oder vereinbarter Kaufpreis zu zahlen ist:

    M1: höherer Kaufpreis; arg.: Sanktionsgedanke ⇨ Rügeobliegenheitsverletzung soll zulasten des Käufers gehen

    h.M.: vereinbarter Kaufpreis; arg.: „pacta sunt servanda"

Notizen

ALPMANN SCHMIDT

Gesellschaftsrecht

8. Auflage 2010

Alpmann Schmidt

Inhaltsverzeichnis (1)

Definition   Beachte   Beispiel

Inhaltsverzeichnis (2)

Definition   Beachte   Beispiel

Abgrenzung Gesellschaft – andere Rechtsinstitute

I. Gesellschaften

➲ privatrechtliche Personenvereinigungen, die zur Erreichung eines **gemeinsamen Zwecks** durch **Rechtsgeschäft** begründet werden

II. Abgrenzung von anderen Rechtsinstituten

1. Bruchteilsgemeinschaft, §§ 741 ff. BGB

- **entsteht i.d.R. nicht durch Rechtsgeschäft**, sondern kraft Gesetzes, z.B. §§ 947, 948 BGB
- **kein gemeinsamer Zweck:** Gemeinsamkeit erschöpft sich im Anschaffen, Halten und Verwalten, §§ 744, 748 BGB (ausdrückliche Vereinbarung einer Gesellschaft bürgerlichen Rechts ist zulässig); bei weitergehendem gemeinsamen Zweck, z.B. gemeinsame Nutzung, liegt eine Gesellschaft vor

  ⚠ §§ 741 ff. BGB gelten **subsidiär** auch im Gesellschaftsrecht

2. partiarische Rechtsverhältnisse

➲ Austauschverträge, bei denen Entgelt einer Partei ganz oder teilweise in Gewinnbeteiligung besteht

- **kein gemeinsam verfolgter und geförderter Zweck:** zwar gemeinsames Interesse an hohen Gewinnen, aber jeder wird in eigener Verantwortung und für eigene Rechnung tätig
- **Abgrenzung zur Innengesellschaft** oft schwierig; Indizien für Gesellschaft: Verlustbeteiligung, Kontroll- und Mitwirkungsrechte

3. familienrechtliche Gemeinschaften (Ehe, nichteheliche Lebensgemeinschaft, Lebenspartnerschaft)

- diese Gemeinschaften sind **nicht auf rechtsgeschäftlich festgelegte Zwecke begrenzt**
- (Ehe-)Partner können aber Gesellschaftsverträge schließen, vgl. im Einzelnen 🗗 17, 24, 25 FamR

4. Erbengemeinschaft, §§ 2032 ff. BGB: entsteht nicht durch vertraglichen Zusammenschluss

Gesellschaftsarten

Personengesellschaften

- **GbR** (= Gesellschaft bürgerlichen Rechts), § 705 BGB
- **OHG** (= Offene Handelsgesellschaft), § 105 HGB
- **KG** (= Kommanditgesellschaft), § 161 HGB
- **Partnerschaft**, § 1 PartGG
- **Stille Gesellschaft**, § 230 HGB
- **Reederei**, § 489 HGB
- **EWIV** (= Europäisch wirtschaftliche Interessenvereinigung), EWIV-VO/EWIV-Ausführungsgesetz

- Personengesellschaften sind **keine juristischen Personen**
- sie sind zumindest nicht in vollem Umfang rechtsfähig
- sie sind in ihrem rechtlichen Bestand von ihren Mitgliedern abhängig

Körperschaften

- **Verein**, §§ 21, 22 BGB
- **GmbH** (= Gesellschaft mit beschränkter Haftung), GmbHG
- **AG** (= Aktiengesellschaft), AktG
- **KGaA** (= Kommanditgesellschaft auf Aktien), § 278 AktG
- **Genossenschaft** (GenG)
- **VVaG** (= Versicherungsverein auf Gegenseitigkeit), §§ 7, 15–33 VAG
- **SE** (= Societas Europaea; Europäische Aktiengesellschaft), SE-VO/SE-EG

- Körperschaften sind – mit Ausnahme des nicht rechtsfähigen Vereins, § 54 BGB – **juristische Personen**
- rechtlicher Bestand der Körperschaft wird durch Mitgliederwechsel nicht berührt

---

- Gesellschaftsarten sind abschließend geregelt, sog. **numerus clausus der Gesellschaftsformen**
- aber bei dispositiver Regelung ist sog. **Typenvermischung** zulässig, z.B. GmbH & Co. KG

Entstehung der GbR, OHG und KG

GbR, §§ 705 ff. BGB	OHG, §§ 105 ff. HGB	KG, §§ 161 ff. HGB
1. Gesellschaftsvertrag **a) Mindestinhalt** ▪ **Person der Gesellschafter** ▪ **gemeinsamer Zweck** – wirtschaftlich/ideell – einmalig/auf Dauer – (im-)materieller Erfolg ▪ **Festlegung der Förderungspflichten** **b) fakultativer Inhalt** (Vertretung, Geschäftsführung, etc.) **c) Wirksamkeit** ▪ §§ 104 ff. BGB gelten ▪ bei Mängeln ⇨ Grundsätze über die fehlerhafte Gesellschaft, vgl. 🗗 4 GesR **2. Entstehungszeitpunkt** ▪ Abschluss des Gesellschaftsvertrages ▪ tritt GbR nach außen nicht als Gesellschaft auf ⇨ BGB-Innengesellschaft	**1. Gesellschaftsvertrag** **a) Mindestinhalt** ▪ **Person der Gesellschafter** (unbeschränkte Haftung aller) ▪ **gemeinsamer Zweck** – Betrieb e. Handelsgewerbes i.S.v. § 1 II HGB, § 105 I HGB – Betrieb eines Kleingewerbes oder Verwaltung eigenen Vermögens, falls eingetragen, § 105 II HGB ▪ **Festlegung der Förderungspflichten** **b) fakultativer Inhalt** (wie bei GbR) **c) Wirksamkeit** (wie bei GbR) **2. Entstehungszeitpunkt** **a) Innenverhältnis** ▪ Abschluss des GesellschaftsV **b) Außenverhältnis** ▪ Eintragung im HR, § 123 I HGB ▪ oder Geschäftsbeginn vor Eintragung, wenn Handelsgewerbe i.S.v. § 1 II HGB und alle Gesellschafter dem Geschäftsbeginn zustimmen, § 123 II HGB	**1. Gesellschaftsvertrag** **a) Mindestinhalt** ▪ **Person der Gesellschafter** – Kommanditisten (beschränkte Haftung) – Komplementäre (unbeschränkte Haftung) ▪ **gemeinsamer Zweck** – wie bei OHG, §§ 161 I, II, 105 HGB ▪ **Förderungspflichten** **b) fakultativer Inhalt** ▪ wie bei GbR **c) Wirksamkeit** ▪ wie bei GbR **2. Entstehungszeitpunkt** ▪ wie bei der OHG, §§ 123, 161 II HGB

⚠ **Grundsatz der Identität der Personengesellschaften**

Lehre von der fehlerhaften Gesellschaft

Nach der Lehre von der fehlerhaften Gesellschaft (ganz h.M.) wird eine **Personengesellschaft auf fehlerhafter Vertragsgrundlage** unter bestimmten Voraussetzungen **für die Vergangenheit wie eine wirksame Gesellschaft behandelt** (arg.: Rückabwicklung über §§ 812 ff. BGB nicht sachgerecht; zudem enthält Gesellschaftsrecht Spezialregeln für Auflösung)

I. Voraussetzungen

1. **fehlerhafter Gesellschaftsvertrag:** Beteiligte haben versucht, einen wirksamen Gesellschaftsvertrag abzuschließen, und dieser Versuch ist gescheitert, weil ein Nichtigkeitsgrund vorlag (z.B. §§ 105, 125, 134, 138, 155 BGB) oder der Vertrag angefochten wurde
2. Gesellschaftsvertrag muss **in Vollzug gesetzt** sein (vorher gelten allgemeine Regeln)
   - Aufnahme der Geschäfte im Außenverhältnis
   - nach h.M. reicht auch Bildung eines Gesellschaftsvermögens im Innenverhältnis
3. **keine entgegenstehenden Interessen der Allgemeinheit** (z.B. §§ 134, 138 BGB) oder **des Einzelnen** (z.B. des Minderjährigen)
   - str. ist, ob Minderjähriger gar nicht Gesellschafter wird (h.M.) oder ob er zwar Gesellschafter ist, für ihn aber keine Nachteile, insbes. keine Haftung, entstehen

II. Rechtsfolge

1. **Innenverhältnis**
   - es gilt der nichtige Vertrag
   - **Auflösung nur ex-nunc** nach gesellschaftsrechtlichen Regeln durch Kündigung, § 723 BGB, oder Auflösungsklage, § 133 HGB

   ⚠ jeweiliger Nichtigkeitsgrund = wichtiger Grund gem. § 723 BGB, § 133 HGB (h.M.)
2. **Außenverhältnis:** Vertretung, Haftung nach jeweiligen gesellschaftsrechtlichen Regeln

⚠ Lehre von der fehlerhaften Gesellschaft gilt auch für fehlerhaften Beitritt/Austritt

Rechtsfähigkeit der GbR/OHG/KG

I. Rechtsfähigkeit der OHG/KG

- gem. § 124 HGB (i.V.m. § 161 II HGB) kann die OHG/KG Rechte erwerben, Verbindlichkeiten eingehen, klagen und verklagt werden
- dadurch werden OHG/KG rechtstechnisch weitgehend **wie** juristische Personen behandelt, sie sind aber keine juristischen Personen

II. Rechtsfähigkeit der GbR

- mangels gesetzlicher Regelung ist die Rechtsfähigkeit der GbR umstritten:

Individualistische Theorie (M.M.)	Kollektivistische Theorie; Gruppenlehre (h.M.)
▪ **GbR ist nicht rechtsfähig** Argumente: – eine § 124 HGB vergleichbare Regelung fehlt in den §§ 705 ff. BGB und Gesetzgeber ordnet die Rechtsfähigkeit von Personengesellschaften im Übrigen immer positiv an, vgl. § 7 II PartGG – § 736 ZPO: Zwangsvollstreckung ins GbR-Vermögen erfordert Titel gegen Gesellschafter – Wortlaut der §§ 705 ff. BGB vermeidet Formulierungen, die auf Rechtsfähigkeit der GbR hindeuten, vgl. §§ 714, 718 BGB	▪ **GbR ist rechtsfähig** Argumente: – Identität der Personengesellschaften setzt dieselbe Struktur der Gesellschaftsformen voraus – Gesamthandsprinzip: Gesellschaftsvermögen ist Sondervermögen, dessen Rechtsträger die Gesamthand ist – neuere gesetzliche Regeln: § 899 a BGB, § 47 II GBO, § 11 II Nr. 1 InsO, §§ 191 II Nr. 1, 202 I Nr. 1 UmwG ⚠ wie weit die Rechtsfähigkeit der GbR reicht, ist innerhalb der h.M. umstritten

Vertretung in der GbR

I. Wer wird vertreten = In wessen Namen wird gehandelt?

- **str.**, ob **nur die GbR** oder **nur die Gesellschafter** oder **beide** vertreten werden:

Individualistische Theorie (M.M.)	**Kollektivistische Theorie; Gruppenlehre (h.M.)**
▪ mangels Rechtsfähigkeit der GbR werden nur die Gesellschafter vertreten	▪ GbR wird vertreten ▪ ob daneben auch die Gesellschafter vertreten werden, ist str.:

Akzessorietätstheorie, heute h.M., insbes. BGH
Gesellschafter werden nicht vertreten; es wird nur im Namen der GbR gehandelt

Doppelverpflichtungstheorie
auch Gesellschafter werden vertreten; es wird grds. im Namen der GbR und der Gesellschafter gehandelt

II. Vertretungsmacht

1. Inhaber der Vertretungsmacht

- gem. § 714 BGB grds. die Gesellschafter, aber Vollmacht an Dritte möglich, §§ 167 ff. BGB

⚠ Ausschluss aller Gesellschafter unzulässig, **Prinzip der Selbstorganschaft**

2. Art und Umfang der Vertretungsmacht

- gem. § 714 BGB (i.V.m. § 709 BGB) **grds. Gesamtvertretung**, d.h. durch alle Gesellschafter gemeinschaftlich, aber abweichende Vereinbarungen sind zulässig
- **Grundlagengeschäfte** (= die Gesellschaftsvertrag selbst betreffen) **gehören nicht zur Vertretung**; bei solchen Geschäften müssen alle Gesellschafter zustimmen

Anm.: (1) obwohl § 714 BGB eindeutig von Vertretung der Gesellschafter spricht, wird diese Regelung – direkt oder analog – von der h.M. für die Vertretung der GbR verwendet

(2) die nach der Doppelverpflichtungstheorie erforderliche Vertretungsmacht bzgl. der Gesellschafter ergibt sich aus § 714 BGB (a.A. aus rechtsgeschäftlich erteilter Vollmacht)

Haftung in der GbR

I. Haftung der GbR

- str., ob GbR selbst haftet (abhängig vom Standpunkt zur Rechtsfähigkeit der GbR):

Individualistische Theorie (M.M.)	Kollektivistische Theorie; Gruppenlehre (h.M.)
▪ keine Haftung der GbR, da nicht rechtsfähig	▪ Haftung der GbR mit Gesellschaftsvermögen ⇨ Zurechnung von Pflichtverletzungen – vertraglich: bei Gesellschaftern § 31 BGB analog, h.M., sonst § 278 BGB – deliktisch: bei Gesellschaftern § 31 BGB analog, sonst § 831 BGB

II. Haftung der Gesellschafter

- Begründung der Gesellschafterhaftung ist str.:

Individualistische Theorie
- Gesellschafter haften originär, da mangels Rechtsfähigkeit der GbR nur für die Gesellschafter gehandelt wird
- Haftung mit **Privatvermögen** als Gesamtschuldner **und** Haftung mit **Gesellschaftsvermögen** als Gesamthandsschuldner

Doppelverpflichtungstheorie
Gesellschafter haften originär **mit Privatvermögen**, da sowohl für die GbR als auch für die Gesellschafter gehandelt wird

Zurechnung von Pflichtverletzungen
- vertraglich: bei Gesellschafterhandeln evtl. aus dem Schuldverhältnis, vgl. § 425 I BGB, sonst (–); bei anderen Personen § 278 BGB
- deliktisch: bei Gesellschafterhandeln (–), bei anderen Personen § 831 BGB

Akzessorietätstheorie, heute h.M., insbes. BGH
Gesellschafter haften für die Verbindlichkeiten der GbR **akzessorisch gem. § 128 HGB analog mit ihrem Privatvermögen**
⚠ Anwendung des § 128 HGB analog auf deliktische Verbindlichkeiten umstr.
- h.M. (+), arg.: Wortlaut des § 128 HGB
- a.A. (–), arg.: Parallele zu §§ 15, 176 HGB

Vertretung in der OHG/KG

I. Wer wird vertreten = In wessen Namen wird gehandelt?

- es wird **nur im Namen der Gesellschaft** gehandelt

II. Vertretungsmacht

1. Inhaber der Vertretungsmacht

- **gem. § 125 HGB** (i.V.m. § 161 II HGB) grds. die **Gesellschafter**
  ⚠ Kommanditist ist von organschaftlicher Vertretung zwingend ausgeschlossen, § 170 HGB
- **daneben** gelten **allg. Vertretungsregeln** (auch für Kommanditisten): Prokura, §§ 48 ff. HGB, Handlungsvollmacht, §§ 54 ff. HGB, bürgerlich-rechtliche Vollmacht, §§ 167 ff. BGB
  ⚠ Ausschluss aller Gesellschafter ist unzulässig, **Prinzip der Selbstorganschaft**

2. Art der Vertretungsmacht gem. § 125 HGB

§ 125 I HGB	**§ 125 II HGB**	**§ 125 III HGB**
grds. Einzelvertretung durch jeden Gesellschafter	**echte Gesamtvertretung** = mehrere Gesellschafter sind nur in Gemeinschaft vertretungsbefugt	**unechte Gesamtvertretung** = Gesellschafter nur zusammen mit Prokuristen vertretungsbefugt

⚠ Vertretungsmacht der Gesellschafter ist eintragungspflichtig, §§ 106 II Nr. 4, 107 HGB ⇨ § 15 HGB

3. Umfang der Vertretungsmacht

- gem. § 126 I HGB alle gerichtlichen, außergerichtlichen Rechtshandlungen inklusive Veräußerung, Belastung von Grundstücken und Erteilung, Widerruf einer Prokura
  ⚠ § 126 I HGB gilt auch im Fall der unechten Gesamtvertretung ⇨ § 49 II HGB greift nicht durch, sodass Prokurist zusammen mit Gesellschafter Grundstück veräußern kann
- **Beschränkungen** des Umfangs sind **Dritten gegenüber unwirksam**, § 126 II HGB
- **Grundlagengeschäfte** (= die Gesellschaftsvertrag selbst betreffen) **gehören nicht zur Vertretung**; bei solchen Geschäften müssen alle Gesellschafter zustimmen

Haftung in der OHG

I. Haftung der OHG

- OHG haftet selbst, § 124 HGB, mit dem Gesellschaftsvermögen

⇨ **Zurechnung von Pflichtverletzungen:** bei Gesellschafterhandeln § 31 BGB analog (h.M.), sonst § 278 BGB im vertraglichen Bereich und § 831 BGB im deliktischen Bereich

II. Haftung der Gesellschafter

- OHG-Gesellschafter haften für Verbindlichkeiten der OHG **akzessorisch gem. § 128 HGB**

1. Voraussetzungen

a) Verbindlichkeit der OHG (nach h.M. auch deliktische Verbindlichkeiten, vgl. 🗗 7 GesR)

b) Gesellschafterstellung z.Z. der Begründung der Verbindlichkeit

2. Rechtsfolge: Haftung der Gesellschafter; **str., wie diese Haftung ausgestaltet ist:**

Erfüllungstheorie, h.M.	**Haftungstheorie**
Gesellschafter haften grds. auf Erfüllung, d.h. Leistung in natura, es sei denn, dies ist ihnen unmöglich oder unzumutbar, dann Haftung auf Geldinteresse (arg.: Gläubigerschutz)	Gesellschafter haften grds. nur auf Geldinteresse, es sei denn, Gesellschafter hat sich gegenüber OHG zur Erfüllung verpflichtet (arg.: Schutz der Gesellschafter vor übermäßiger Inanspruchnahme)

- Gesellschafter haftet gem. § 128 HGB: **persönlich** und **unbeschränkt**, d.h. mit gesamten Privatvermögen; **unmittelbar** und **primär**, d.h. Gläubiger kann ihn direkt in die Haftung nehmen, ohne zuvor OHG in Anspruch genommen zu haben; **gesamtschuldnerisch**

3. Verteidigung des Gesellschafters, § 129 HGB

- **persönliche Einwendungen** und **Einwendungen, die der OHG zustehen**, § 129 I HGB
- **Leistungsverweigerungsrecht**, wenn OHG Geschäft anfechten kann, § 129 II HGB (§ 129 II HGB analog für sonstige Gestaltungsrechte der OHG) und wenn OHG aufrechnen kann, § 129 III HGB (entgegen Wortlaut ist Aufrechnungsmöglichkeit der OHG maßgeblich)

Haftung in der KG (1)

I. Haftung der KG und der Komplementäre

- KG haftet gem. §§ 124, 161 II HGB selbst mit dem Gesellschaftsvermögen; für sie gelten die Ausführungen zur Haftung der OHG, vgl. 🗗 9 GesR
- Komplementäre (persönlich haftende Gesellschafter) haften gem. §§ 128, 161 II HGB wie OHG-Gesellschafter, vgl. 🗗 9 GesR

II. Haftung der Kommanditisten

1. beschränkte persönliche Haftung gem. § 171 I HGB

a) Voraussetzungen:

aa) Verbindlichkeit der KG

bb) Kommanditistenstellung z.Z. der Begründung der Verbindlichkeit

b) Rechtsfolge

- **Haftung** des Kommanditisten **bis zur Höhe der im Handelsregister angegebenen Haftsumme**, §§ 171 I, 172 I HGB

  ⚠ für Haftung im Außenverhältnis ist immer der im Handelsregister eingetragene Betrag = *Haftsumme* maßgeblich, § 172 I HGB; im Innenverhältnis ist die im Gesellschaftsvertrag vereinbarte Einlage = *Pflichteinlage* maßgeblich
- **Haftung erlischt mit Erbringung der Einlage, § 171 I, 2. Halbs. HGB**; andere vermögenswerte Leistungen als Geldleistungen werden mit ihrem objektiven Wert angerechnet
- **Wiederaufleben der Haftung bei Rückzahlung der Einlage an den Kommanditisten, § 172 IV HGB** = jede Leistung aus dem KG-Vermögen an Kommanditisten, für die das Gesellschaftsvermögen keine gleichwertige Gegenleistung erhält

  ☞ Begleichung persönlicher Schulden des Kommanditisten durch KG

⚠ Während des Insolvenzverfahrens wird der Anspruch vom Insolvenzverwalter eingezogen, § 171 II HGB

Haftung in der KG (2)

II. Haftung der Kommanditisten (Fortsetzung)

2. unbeschränkte persönliche Haftung

- vor Eintragung der Kommanditistenstellung im Handelsregister haftet der Kommanditist gem. § 176 HGB unter bestimmten Voraussetzungen unbeschränkt

a) Voraussetzungen

§ 176 I 1 HGB	§ 176 II HGB
▪ Bestehen einer KG, die ein Handelsgewerbe i.S.v. § 1 II HGB betreibt, vgl. § 176 I 2 HGB ▪ Geschäftsbeginn vor Eintragung der KG im Handelsregister ▪ Verbindlichkeit der KG vor Eintragung begründet ▪ Inanspruchgenommener = Kommanditist z.Z. der Begründung der Verbindlichkeit ▪ Zustimmung des Kommanditisten zum Geschäftsbeginn ▪ keine positive Kenntnis des Gläubigers von der Kommanditistenstellung ▪ nach h.M. ist Kenntnis des Gläubigers von der Gesellschafterstellung des Inanspruchgenommenen nicht erforderlich	▪ Eintritt eines Kommanditisten in eine Handelsgesellschaft (OHG oder KG) ▪ Verbindlichkeit der KG zwischen Eintritt und Eintragung der Kommanditistenstellung im Handelsregister begründet ▪ Inanspruchgenommener = Kommanditist z.Z. der Begründung der Verbindlichkeit (Zustimmung des Kommanditisten ist nicht erforderlich) ▪ keine positive Kenntnis des Gläubigers von der Kommanditistenstellung ▪ nach h.M. ist Kenntnis des Gläubigers von der Gesellschafterstellung des Inanspruchgenommenen nicht erforderlich

⚠ nach h.M. ist § 176 HGB bei unerlaubten Handlungen nicht anwendbar, vgl. Parallele zu § 15 HGB

🗗 5, 6 HandelsR

b) Rechtsfolge: Kommanditist haftet wie ein Komplementär, also unbeschränkt

Haftung bei Eintritt oder Ausscheiden eines Gesellschafters (1)

I. Haftung bei Eintritt eines Gesellschafters in eine bestehende Gesellschaft

1. Eintritt in eine OHG/KG

- eintretende OHG-Gesellschafter und Komplementäre haften für Altverbindlichkeiten der Gesellschaft (= vor ihrem Eintritt begründete Verbindlichkeiten) unbeschränkt, § 130 HGB (i.V.m. § 161 II HGB)
- eintretende Kommanditisten haften für Altverbindlichkeiten beschränkt auf die Haftsumme, § 173 HGB i.V.m. §§ 171, 172 HGB

2. Eintritt in eine GbR

- str. ist, ob eintretender GbR-Gesellschafter mit seinem Privatvermögen für Altverbindlichkeiten haftet:
  - **nach der individualistischen Theorie** und nach der **Doppelverpflichtungstheorie** grds. keine Haftung des eintretenden Gesellschafters für Altverbindlichkeiten, da die Gesellschafterhaftung nach diesen Theorien rechtsgeschäftlich begründet wird, vgl. im Einzelnen 🗗 6 GesR
    Ausnahme: Übernahme der Schuld durch eintretenden Gesellschafter, z.B. §§ 414 ff. BGB
  - **innerhalb der Akzessorietätstheorie** ist str., ob eintretender Gesellschafter für Altverbindlichkeiten gem. § 130 HGB analog haftet; nach h.M., insbes. nach BGH (+), arg.: Gläubigerschutz, Identität der Personengesellschaften, Haftung ist für eintretenden Gesellschafter zumutbar

II. Haftung des ausgeschiedenen Gesellschafters

1. Haftung des ausgeschiedenen OHG-Gesellschafters oder Komplementärs

- keine Haftung für Verbindlichkeiten, die nach dem Ausscheiden begründet werden

⚠ evtl. Haftung über § 15 I HGB bei fehlender Eintragung/Bekanntmachung des Ausscheidens, da Ausscheiden gem. § 143 II HGB eine eintragungspflichtige Tatsache ist

Haftung bei Eintritt oder Ausscheiden eines Gesellschafters (2)

II. Haftung des ausgeschiedenen Gesellschafters (Fortsetzung)

1. Haftung des ausgeschiedenen OHG-Gesellschafters oder Komplementärs (Fortsetzung)

- Weiterhaftung für bis zum Ausscheiden begründete Verbindlichkeiten, aber **Enthaftung (= Erlöschen der Haftung) gem. § 160 HGB**
  - wenn Anspruch nicht innerhalb von 5 Jahren ab Eintragung des Ausscheidens fällig wird
  - oder wenn Anspruch zwar innerhalb der 5 Jahresfrist fällig wird, aber nicht innerhalb dieses Zeitraums i.S.v. § 197 I Nr. 3–5 BGB festgestellt worden ist (Ausn.: § 160 II HGB)

  ⚠ Klageerhebung innerh. v. 5 J. reicht für Fristhemmung, § 160 I 3 HGB i.V.m. § 204 I Nr. 1 BGB

  ⚠ bei Nichteintragung des Ausscheidens beginnt Enthaftungsfrist nach BGH mit Kenntnis des Gläubigers vom Ausscheiden

Exkurs

nach **alter Rechtslage** (⚠ Übergangsvorschrift, Art. 35 EGHGB) **verjährte** Anspruch gegen Ausgeschiedenen nach 5 Jahren ab Eintragung des Ausscheidens, § 159 I, II HGB a.F., oder ab Fälligkeit, § 159 III HGB a.F.

- Folge des § 159 III HGB a.F.: **Endloshaftung des Ausgeschiedenen bei Dauerschuldverhältnissen**
- Lösung durch **teleologische Reduktion** des § 159 III HGB a.F. bei Dauerschuldverhältnissen:
  - Haftung nur für Ansprüche, die bis zur ersten Kündigungsmöglichkeit des Dauerschuldverhältnisses fällig werden (sog. Kündigungstheorie)
  - bei unkündbaren Dauerschuldverhältnissen Haftung für Ansprüche, die innerhalb von 5 Jahren ab Eintragung des Ausscheidens fällig wurden

⚠ nach h.M. findet die Kündigungstheorie im Rahmen des § 160 HGB n.F. keine Anwendung (arg.: eindeutiger Wortlaut des § 160 HGB); a.A. wendet Kündigungstheorie innerhalb neuer Rechtslage an, da Gesetzgeber Haftung des Ausgeschiedenen begrenzen wollte

2. Haftung des ausgeschiedenen GbR-Gesellschafters

- gem. § 736 II BGB gilt § 160 HGB „singgemäß" ⇨ mangels Eintragung des Ausscheidens bei GbR-Gesellschaftern Fristbeginn mit Kenntnis des Gläubigers vom Ausscheiden

3. **Haftung des ausgeschiedenen Kommanditisten:** bei Einlagenrückgewähr, § 172 IV HGB, an ausscheidenden Kommanditisten gilt § 160 HGB über § 161 II HGB

Haftung in der „Schein-OHG"/„Schein-KG"

I. Haftung in der „Schein-OHG"

1. GbR tritt als „OHG" auf

- „Schein-OHG" selbst haftet nicht, da sie als solche nicht existent ist (h.M.); es haftet die GbR, soweit man sie als Rechtssubjekt anerkennt, vgl. 🗗 5 GesR
- Gesellschafter, die als OHG-Gesellschafter aufgetreten sind, haften nach allg. Rechtsscheins-grundsätzen gem. § 128 HGB analog

  Vor.: (1) Rechtsschein einer OHG geschaffen (2) zurechenbare Veranlassung des Rechtsscheins (3) Gutgläubigkeit des Dritten (4) Handeln des Dritten im Vertrauen auf gesetzten Rechtsschein
- andere Gesellschafter haften als Gesellschafter einer GbR

2. GmbH firmiert als OHG

- GmbH wird nach Grundsätzen über unternehmensbezogene Geschäfte vertreten
- Gesellschafter haften nach allg. Rechtsscheinsgrundsätzen persönlich; Berufung auf § 15 II HGB ist rechtsmissbräuchlich

II. Haftung des Kommanditisten einer „Schein-KG"

1. eingetragene KG ist in Wahrheit eine GbR

- „Kommanditist" haftet als Gesellschafter der GbR beschränkt in dem Umfang, wie er sich aus §§ 171, 172 ergeben würde

2. „Schein-KG" ist nicht im Handelsregister eingetragen

- str., ob unbeschränkte Haftung des „Kommanditisten" gem. § 176 HGB analog
  - h.M. (–), da Rechtsverkehr bei Auftreten als KG mit beschränkter Haftung rechnen müsse; zudem wird sonst die Wertung des § 176 I 2 HGB unterlaufen ⇨ Schein-Kommanditist haftet als Gesellschafter der GbR, d.h. nach heute herrschender Akzessorietätstheorie gem. § 128 HGB analog unbeschränkt (nach individualistischer Theorie und Doppelverpflichtungstheorie beschränkte Haftung in Höhe der Haftsumme)
  - a.A. (+), da entsprechender Rechtsschein entstanden ist; Gesellschafter muss sich wie Kommanditist einer nicht eingetragenen KG behandeln lassen

Ansprüche aus dem Gesellschaftsverhältnis (1)

I. Sozialansprüche

➲ Ansprüche der Gesellschaft gegen die Gesellschafter aus dem Gesellschaftsverhältnis

☞ Anspruch auf Beitragsleistung, Einhaltung der Treuepflicht

- Sozialansprüche werden grds. durch **vertretungsberechtigten Geschäftsführer** für die Gesellschaft geltend gemacht
- Sozialansprüche können auch ausnahmsweise – unabhängig von Vertretungs-/Geschäftsführungsbefugnis – **durch einzelnen Gesellschafter** geltend gemacht werden, sog. **actio pro socio** (arg.: § 705 BGB: „gegenseitig“): Klage **im eigenen Namen** auf Leistung in das Gesellschaftsvermögen
  - str. ist, ob actio pro socio ein Fall der Prozessstandschaft (= Klage über fremdes Recht im eigenen Namen) ist; nach h.M. (–), da Sozialansprüche zugleich Individualansprüche sind

⚠ **actio pro socio gilt nur für Sozialansprüche**

⇨ Ansprüche der Gesellschaft **gegen Dritte** werden von vertretungsberechtigten Gesellschaftern für diese geltend gemacht

⇨ **Ausn.:** Klage eines nicht vertretungsberechtigten Gesellschafters im eigenen Namen auf Leistung an Gesellschaft ist zulässig, wenn gesellschaftswidrige Verweigerung der Einziehung der Forderung vorliegt und Schuldner an gesellschaftswidrigem Verhalten beteiligt ist (Prozessführungsbefugnis des Gesellschafters aus § 432 BGB)

Ansprüche aus dem Gesellschaftsverhältnis (2)

II. Sozialverpflichtungen

➲ Ansprüche des Gesellschafters gegen die Gesellschaft aus dem Gesellschaftsverhältnis
  ☞ Anspruch auf Gewinnauszahlung, Aufwendungsersatz

III. Individualansprüche/-verpflichtungen

➲ Ansprüche/Verpflichtungen der Gesellschafter untereinander (☞ Ausgleichsansprüche, Treuepflicht)

⚠ **Anwendbarkeit der §§ 320 ff. BGB auf Ansprüche aus dem Gesellschaftsvertrag**
Gesellschaftsvertrag kein typischer gegenseitiger Vertrag i.S.v. §§ 320 ff. BGB, da Förderung des gemeinsamen Zwecks im Vordergrund steht und es keine rein zweiseitige Rechtsbeziehung ist
⇨ Anwendbarkeit der §§ 320 ff. BGB daher problematisch:
- unanwendbar ist zumindest die Rechtsfolge Rücktritt/Kündigung, da für Fortbestand/Abwicklung der Gesellschaft Spezialregeln vorhanden sind
- aus demselben Grund ist der Schadensersatzanspruch statt der ganzen Leistung gem. §§ 280 I, III, 281 BGB ausgeschlossen

IV. Drittbeziehungen

➲ Gesellschafter stehen der Gesellschaft wie Dritte gegenüber, d.h. nicht in ihrer Eigenschaft als Gesellschafter, z.B. Kauf-, Miet- oder Darlehensvertrag mit der Gesellschaft

- **Inanspruchnahme der Gesellschaft** richtet sich nach allg. Regeln, **aber aus Treuepflicht** des Gesellschafters kann sich gewisse **Rücksichtnahmepflicht** ergeben
- **Inanspruchnahme der übrigen Gesellschafter**
  - nach h.M. **subsidiär**, d.h. nur wenn Befriedigung aus Gesellschaftsvermögen nicht möglich/nicht zu erwarten
  - **Haftungsumfang:** Gesellschafter-Gläubiger muss sich eigenen Verlustanteil abziehen lassen, h.M.; nach a.A. haften die Gesellschafter nur pro rata, d.h. in Höhe ihres jeweiligen Verlustanteils

Geschäftsführung bei GbR/OHG/KG (1)

➲ die auf Verfolgung des Gesellschaftszwecks gerichtete Tätigkeit für die Gesellschaft

I. Geschäftsführungsbefugnis

vertragl. Regelung im Gesellschaftsvertrag
⚠ Grundsatz der Selbstorganschaft

→ wenn (–) → **gesetzliche Regelung**

GbR

- **alle Aufgaben**
  - **gemeinschaftlich, § 709 I BGB**

OHG/KG (außer Kommanditist, § 164 HGB – dispositiv)

- **gewöhnliche Aufgaben** = die Betrieb dieses Handelsgewerbes gewöhnlich mit sich bringt
  - **jeder allein §§ 115 I, 116 I HGB**
  - **aber:** Widerspruchsrecht jedes Geschäftsführers, § 115 I 2. Halbs. HGB
    ⚠ Widerspruch wirkt nur im Innenverhältnis
- **ungewöhnliche Aufgaben** = die üblichen Rahmen des Geschäftsbetriebes überschreiten
  - **Zustimmung aller Gesellschafter, § 116 II HGB**
    ⚠ auch Zustimmung der Kommanditisten und der von der Geschäftsführung ausgeschlossenen Gesellschafter erforderlich

Notgeschäftsführungsrecht, § 744 II BGB analog (i.V.m. §§ 105 III, 161 II HGB)

Geschäftsführung bei GbR/OHG/KG (2)

II. Abgrenzung

- **Geschäftsführungsbefugnis** besagt, was einzelner Gesellschafter im Verhältnis zu seinen Mitgesellschaftern und der Gesellschaft vornehmen **darf** und muss **(Innenverhältnis)**
- **Vertretungsmacht** bestimmt, ob einzelner Gesellschafter im Verhältnis zu Dritten wirksam Rechtsgeschäfte für/gegen Gesellschaft/Gesellschafter vornehmen **kann (Außenverhältnis)**

⚠ Regeln über Geschäftsführung und Vertretung sind unanwendbar auf sog. **Grundlagengeschäfte** (= solche, die den Inhalt des Gesellschaftsverhältnisses ändern, z.B. Aufnahme neuer Gesellschafter); diese bedürfen der **Zustimmung aller Gesellschafter**

III. Anspruchsgrundlagen bei Verletzung der Geschäftsführerpflichten

- **bei Schlechtleistung:** Haftung auf Schadensersatz aus § 280 I BGB
- **bei Überschreitung der Geschäftsführungsbefugnis:** nach h.M. Haftung aus § 280 I BGB
  a.A.: §§ 677, 678 BGB; contra: es besteht ein Gesellschaftsvertrag, daher nicht „ohne Auftrag“

⚠ Haftungsprivilegierung gem. § 708 BGB: maßgeblich ist eigenübliche Sorgfalt; Grenze § 277 BGB
⇨ gilt nicht bei Unfällen im Straßenverkehr, h.M.
⇨ str., ob § 708 BGB bei Überschreitung der Geschäftsführungsbefugnis anwendbar ist

IV. Entziehung der Geschäftsführungsbefugnis

- bei GbR durch Beschluss der Gesellschafter, wenn ein wichtiger Grund vorliegt, § 712 BGB
- bei OHG/KG durch Gestaltungsurteil, wenn wichtiger Grund vorliegt, § 117 HGB (i.V.m. § 161 II HGB)

Sonstige Rechte und Pflichten aus dem Gesellschaftsverhältnis

I. Beitragspflicht

- Hauptpflicht der Gesellschafter; sie ergibt sich aus § 705 BGB (i.V.m. §§ 105 III, 161 II HGB)
- Beiträge i.S.d. § 705 BGB sind **vermögenswerte Leistungen, die dem Gesellschaftsvermögen zufließen sollen**, z.B. Geld, Übereignung von Sachen, Dienstleistung (§ 706 III BGB)

II. Treuepflicht

- die **aus § 242 BGB** hergeleitete allg. Treuepflicht beinhaltet die Pflicht, die Interessen der Gesellschaft wahrzunehmen und alles zu unterlassen, was die Interessen beeinträchtigt
- **Konkretisierungen:** Wettbewerbsverbote (für OHG/KG speziell geregelt, §§ 112, 113 HGB); gewisse Stimmrechtsbindung; Rücksichtnahme bei Ansprüchen aus Drittbeziehungen

III. Mitverwaltungsrechte

- **Informationsrecht**, §§ 713, 666 BGB (i.V.m. §§ 105 III, 161 II HGB); **Kontrollrecht**, § 716 BGB, §§ 118, 166 HGB; **Stimmrecht bei Gesellschafterbeschlüssen**

IV. Beteiligung an Gewinn und Verlust

- Richtet sich nach vertragl. Absprachen, sonst gelten §§ 721, 722 BGB, §§ 120–122 HGB

V. Ersatzansprüche des Gesellschafters bei Tilgung einer Gesellschaftsschuld

1. **gegen die Gesellschaft: bei GbR, §§ 713, 670 BGB; bei OHG/KG, § 110 HGB**
   ⚠ Aufwendung = freiwillige Vermögensopfer; Gesellschafter ist zwar im Außenverhältnis zur Zahlung verpflichtet, aber nicht im Innenverhältnis, daher Freiwilligkeit gegeben
2. **gegen die Mitgesellschafter aus § 426 I und § 426 II BGB i.V.m. … (subsidiär, anteilig)**

Das Gesellschaftsvermögen der Personengesellschaften

I. Organisationsform und Träger des Gesellschaftsvermögens

- Gesellschaftsvermögen ist grds. **Gesamthandsvermögen**, § 718 BGB, d.h. die Gesellschafter haben keine selbstständigen Anteile, über die sie frei verfügen können
- ob Gesellschaft selbst Trägerin des Gesellschaftsvermögens ist oder ob es den Gesellschaftern in gesamthänderischer Verbundenheit zusteht, hängt davon ab, wie man die Rechtsfähigkeit der Personengesellschaften beurteilt, vgl. 🗗 5 GesR

II. Entstehung des Gesellschaftsvermögens

zum Gesellschaftsvermögen gehören:

- automatisch die Ansprüche auf ausstehende Beiträge, § 718 I BGB
- Beiträge selbst durch rechtsgeschäftliche Übertragung, §§ 398 ff., 873, 925, 929 ff. BGB
- die durch Geschäftsführung für die Gesellschaft erworbenen Gegenstände, § 718 I, 2. Alt. BGB
  ⚠ nach h.M. gilt Offenkundigkeitsprinzip, sodass im Namen der Gesellschaft gehandelt werden muss (Ausn.: Geschäft für den, den es angeht); wenn (–), wird Geschäftsführer berechtigt und verpflichtet und es bedarf eines weiteren Übertragungsakts auf die Gesellschaft
- Surrogationserwerb, § 718 II BGB

III. Verfügungen über das Gesellschaftsvermögen

- grds. nur durch **alle Gesellschafter zusammen**, § 719 BGB; Vertretung möglich
  ⇨ keine Verfügung über seinen Anteil am Gesellschaftsvermögen durch einzelnen Gesellschafter, § 719 I, 1. Alt. BGB (abdingbar); bei Verstoß ist Verfügung schwebend unwirksam
    ⇨ §§ 182 ff. BGB
  ⇨ keine Verfügung über Anteil an einzelnen Vermögensgegenständen, § 719 I, 2. Alt. BGB (zwingend); bei Verstoß ⇨ Nichtigkeit der Verfügung gem. § 134 BGB
  ⇨ kein Teilungsanspruch, § 719 I, 2. Halbs. BGB (zwingend)

Ausscheiden eines Gesellschafters aus GbR/OHG/KG (1)

I. Ausscheidensgründe

1. gesetzliche Ausscheidensgründe

OHG/KG	GbR
Tod des Gesellschafters, § 131 III 1 Nr. 1 HGB	Tod des Gesellschafters **und** Fortsetzungsklausel, § 736 BGB
Insolvenzverfahrenseröffnung über Vermögen des Gesellschafters, § 131 III 1 Nr. 2 HGB	Insolvenzverfahrenseröffnung über Vermögen des Gesellschafters **und** Fortsetzungsklausel, § 736 BGB
Kündigung des Gesellschafters, § 131 III 1 Nr. 3 HGB	Kündigung des Gesellschafters **und** Fortsetzungsklausel, § 736 BGB
Kündigung durch Privatgläubiger des Gesellschafters, § 131 III 1 Nr. 4 HGB	Kündigung durch Privatgläubiger des Gesellschafters **und** Fortsetzungsklausel, § 736 BGB analog

2. vertragliche Ausscheidensgründe

- gesellschaftsvertragliche Vereinbarung des **automatischen Ausscheidens für bestimmte Fälle**, § 131 III 1 Nr. 5 HGB, § 736 BGB analog

  ☞ Erreichen einer bestimmten Altersgrenze, Unfähigkeit zur Mitarbeit, Aufnahme einer Wettbewerbstätigkeit

- Beschluss sämtlicher Gesellschafter über **Ausscheiden ad hoc** (Abänderungsvertrag), § 131 III 1 Nr. 6 HGB

Ausscheiden eines Gesellschafters aus GbR/OHG/KG (2)

I. Ausscheidensgründe (Fortsetzung)

3. Ausschluss eines Gesellschafters

- bei GbR: wichtiger Grund **und** Beschluss der übrigen Gesellschafter **und** Fortsetzungsklausel, § 737 BGB
- bei OHG/KG: wichtiger Grund **und** gerichtliche Entscheidung über Ausschluss (Gestaltungsurteil), § 140 HGB (i.V.m. § 161 II HGB)

⚠ nach h.Rspr. reicht nicht jeder wichtige Grund i.S.v. § 723 I 2 BGB/§ 133 HGB für Ausschluss, sondern es ist ein **besonders schwerwiegender Grund** erforderlich, **arg.:** Ausschluss ist wirtschaftlich nachteiliger, da die Folgen nur den Einzelnen, nicht alle gleichermaßen betreffen; nach h.Lit. reicht jeder wichtige Grund für Ausschluss, **arg.:** Wortlaut der §§ 737 BGB/140 HGB

II. Folgen des Ausscheidens

- **Ausscheidender verliert seine Gesellschafterstellung**
  - Mitgliedschaftsrechte/-pflichten erlöschen ersatzlos
  - dingliche Beteiligung ist beendet, Anteil des Ausgeschiedenen wächst den übrigen Gesellschaftern zu **(Anwachsungsprinzip)**, § 738 I 1 BGB (i.V.m. §§ 105 III, 161 II HGB)
- Ausscheidender erhält **schuldrechtliche Ansprüche** gegen übrige Gesellschafter, § 738 I 2 BGB
  - auf **Rückgabe von Gegenständen**, die er Gesellschaft zur Benutzung überlassen hat
  - auf **Schuldbefreiung** von gemeinschaftlichen Schulden; vgl. zur Haftung des ausgeschiedenen Gesellschafters im Außenverhältnis 🗗 12, 13 GesR
  - auf **Abfindung** (dispositiv; Abfindungsvereinbarung üblich)

⚠ **verbleibt** nach Ausscheiden eines Gesellschafters **nur ein Gesellschafter**, so ist die **Gesellschaft ohne Liquidation beendet** und Gesellschaftsvermögen geht im Wege der **Gesamtrechtsnachfolge** auf verbleibenden Gesellschafter über (für OHG/KG: § 140 I 2 HGB [i.V.m. § 161 II HGB]; für GbR nicht geregelt, nach h.M. aber anerkannt, wenn Voraussetzungen des § 737 BGB vorliegen)

Eintritt und Gesellschafterwechsel bei GbR/OHG/KG

I. Eintritt in GbR/OHG/KG

- **Voraussetzung:** Neueintritt eines Gesellschafters erfolgt grds. durch Abschluss eines **Aufnahmevertrags** zwischen ihm und den bisherigen Gesellschaftern
- **Rechtsfolge:**
  - Identität der Gesellschaft bleibt erhalten (keine Neugründung)
  - im Innenverhältnis entstehen für Eintretenden **schuldrechtliche Mitgliedschaftsrechte und -pflichten** und **dingliche Beteiligung am Gesellschaftsvermögen** (Anwachsung beim Eintretenden, entspr. „Abwachsung" bei bisherigen Gesellschaftern, § 738 I 1 BGB analog)
  - vgl. zur Haftung im Außenverhältnis 🗗 12 GesR

II. Gesellschafterwechsel bei GbR/OHG/KG

Gesellschafterwechsel (= ein Gesellschafter scheidet aus, ein neuer Gesellschafter tritt ein) kann vertraglich durch Doppelvertrag oder durch Abtretung erfolgen

1. Gesellschafterwechsel durch Doppelvertrag

- Eintretender und Ausscheidender schließen jeweils eigene Verträge mit übrigen Gesellschaftern ⇨ keine Rechtsbeziehung zwischen eintretendem und ausscheidendem Gesellschafter

2. Gesellschafterwechsel durch Abtretung des Gesellschaftsanteils

- unmittelbare Übertragung des Gesellschaftsanteils vom Ausscheidenden auf den Eintretenden gem. §§ 398, 413 BGB
- zulässig nur bei **Zustimmung der übrigen Gesellschafter**, § 415 I 1 BGB analog

⚠ bei Abtretung eines Kommanditanteils

⇨ ist **Rechtsnachfolge im Handelsregister eingetragen** und Einlage erbracht, haftet weder der neue noch der alte Gesellschafter; **arg.:** durch Eintragung wird dem Rechtsverkehr mitgeteilt, dass durch Gesellschafterwechsel keine Haftsummenerhöhung erfolgt

⇨ ist **Rechtsnachfolge nicht eingetragen**, haftet nach h.M. ausgeschiedener Gesellschafter; **arg.:** § 172 IV HGB analog

Rechtsfolgen bei Tod eines Personengesellschafters (1)

Fortbestand der Gesellschaft

- bei GbR, wenn Fortsetzungsklausel im Gesellschaftsvertrag, § 727 I, 2. Halbs. BGB
- bei OHG/KG, § 131 III 1 Nr. 1 HGB (i.V.m. § 161 II HGB)

Auflösung der Gesellschaft

- bei GbR, § 727 BGB
- bei OHG/KG, wenn nur noch ein Gesellschafter übrig bleibt oder wenn im Gesellschaftsvertrag vereinbart

Zusammensetzung der Gesellschaft

- **Grundsatz: Fortsetzung unter übrigen Gesellschaftern**
  - bei OHG/KG gesetzlicher Normalfall, § 131 III 1 Nr. 1 HGB
  - bei GbR entsprechende Abrede erforderlich, sog. **„reine"** oder **„einfache Fortsetzungsklausel"**
    ⇨ Rechtsfolge: Ausscheiden des Verstorbenen, Anwachsung bei übrigen Gesellschaftern, § 738 I 1 BGB; Abfindungsanspruch für Erben, §§ 738 I 2, 1922 BGB
- **Ausnahme**
  - bei **Tod eines Kommanditisten:** Fortsetzung mit dessen Erben, § 177 HGB (arg.: Abfindungsansprüche der Erben sollen vermieden werden)
  - **anderweitige Regelung im Gesellschaftsvertrag**, sog. Fortsetzungsklauseln; vgl. zu den verschiedenen Gestaltungsmöglichkeiten 🗗 25 GesR

Rechtsfolgen bei Tod eines Personengesellschafters (2)

Gestaltungsmöglichkeiten der Fortsetzungsklauseln

Nachfolgeklausel

Begünstigter rückt **automatisch** in Gesellschafterstellung des Verstorbenen ein

Eintrittsklausel

Begünstigter erhält **schuldrechtlichen Anspruch** auf Abschluss eines Aufnahme-(Gesellschafts-)vertrages

erbrechtliche Nachfolgeklausel

- Gesellschafterstellung wird im Gesellschaftsvertrag vererblich gestellt
- konkrete Nachfolge ergibt sich aus Erbrecht

einfache erbrechtliche Nachfolgeklausel

= jeder Erbe wird automatisch Gesellschafter

⚠ bei Erbengemeinschaft: **Sonderrechtsnachfolge** der Erben entsprechend der Erbquote

qualifizierte erbrechtliche Nachfolgeklausel

= nur einer/ein Teil der Erben wird automatisch Gesellschafter

⚠ nach h.M. **Vollnachfolge in Gesellschafterstellung** unabhängig von Erbquote; interner erbrechtlicher Ausgleich mit übrigen Erben über § 242 BGB (str.)

→ **Bindung** des Erblassers erst **mit Erbfall**

rechtsgeschäftliche Nachfolgeklausel

Gesellschaftsvertrag regelt Nachfolge ohne Rücksicht auf Erbenstellung des Nachfolgers

- zugunsten eines **Mitgesellschafters** zulässig
- zugunsten gesellschaftsfremder **Dritter** unzulässig (h.M.), da Vertrag zulasten Dritter

⚠ evtl. Umdeutung, § 140 BGB, in Eintrittsklausel

→ **Bindung** des Erblassers **mit Aufnahme der Klausel im Gesellschaftsvertrag**

Beendigung der GbR/OHG/KG

I. Auflösungsgründe

OHG/KG	GbR
Zeitablauf, § 131 I Nr. 1 HGB	Zeitablauf (nicht speziell geregelt)
Gesellschafterbeschluss, § 131 I Nr. 2 HGB	Gesellschafterbeschluss (nicht speziell geregelt)
Insolvenzverfahrenseröffnung über Vermögen der OHG/KG, § 131 I Nr. 3 HGB	Insolvenzverfahrenseröffnung über Vermögen der GbR, § 728 BGB
Gerichtliche Entscheidung, § 131 I Nr. 4 HGB	
	Kündigung des Gesellschafters oder durch Pfändungsgläubiger, §§ 723, 725 BGB; Zweckerreichung/Unmöglichkeit der Zweckerreichung, § 726 BGB, oder Tod eines Gesellschafters, § 727 BGB

II. Auseinandersetzung/Liquidation

- **Eintritt eines Auflösungsgrundes beendet Gesellschaftsverhältnis nicht:** Gesellschaft bleibt unter Wahrung ihrer Identität bestehen, aber **automatische Veränderung des gemeinsamen Zwecks** ⇨ statt des ursprünglichen, nunmehr die Durchführung der Auseinandersetzung/Liquidation, d.h. Abwicklung laufender Geschäfte, Tilgung von Verbindlichkeiten, etc. **(= Abwicklungs- oder Liquidationsgesellschaft)**
- **Verfahren:** bei GbR Abwicklung gem. §§ 730 ff. BGB, bei OHG/KG Liquidation gem. §§ 145 ff. HGB (i.V.m. § 161 II HGB)
- mit Abschluss des Auseinandersetzungs- bzw. Liquidationsverfahrens ist Gesellschaft beendet

Prozess und Zwangsvollstreckung bei GbR/OHG/KG (1)

I. Prozess

Problem: Parteifähigkeit der Gesellschaften

1. OHG/KG

- OHG/KG sind parteifähig, vgl. § 124 I HGB (i.V.m. § 161 II HGB)

2. GbR

- **Parteifähigkeit der GbR ist str.:**
  - nach **individualistischer Theorie** mangels Rechtsfähigkeit der GbR (–), vgl. § 50 I ZPO
  - **innerhalb kollektivistischer Theorie umstritten:**

    ⇨ **h.M., insbes. BGH:** GbR ist aktiv und passiv parteifähig
    arg.: – notw. prozessrechtl. Konsequenz der Anerkennung der Rechtsfähigkeit der GbR
    – Gläubigerschutz (bei größeren Gesellschaften/häufigem Gesellschafterwechsel bestehen für Gläubiger erhebliche praktische Probleme, wenn er alle Gesellschafter verklagen müsste)

    ⇨ **a.A.:** GbR ist nicht parteifähig; arg.: Rechtssicherheit
    Konsequenz: Kläger/Beklagte sind die Gesellschafter vertreten durch den/die vertretungsberechtigten Gesellschafter (im Aktivprozess besteht notwendige Streitgenossenschaft gem. § 62 I, 2. Fall ZPO, im Passivprozess einfache Streitgenossenschaft gem. § 59 ZPO)

II. Zwangsvollstreckung

1. bei GbR

- **Zwangsvollstreckung wegen einer Gesellschaftsverbindlichkeit**
  - **in das Gesellschaftsvermögen:** gem. § 736 ZPO Titel gegen alle Gesellschafter erforderlich; erkennt man mit h.M. Parteifähigkeit der GbR an, reicht auch ein Titel gegen die GbR
  - **in Privatvermögen** der Gesellschafter (nicht in Gesellschaftsanteil, da Gesellschaftsvermögen unmittelbar haftet)

Prozess und Zwangsvollstreckung bei GbR/OHG/KG (2)

II. Zwangsvollstreckung (Fortsetzung)

1. bei GbR (Fortsetzung)

- **Zwangsvollstreckung wegen einer Privatverbindlichkeit eines Gesellschafters**
  - **in sein Privatvermögen** samt seinem Gesellschaftsanteil
    - ⇨ Gesellschaftsanteil ist pfändbar gem. §§ 859 I 1, 857, 829 ZPO
    - ⇨ Gläubiger kann GbR dann kündigen, um Auseinandersetzung gem. §§ 731 ff. BGB zu bewirken und letztlich Auszahlung des dem Schuldner gebührenden Guthabens verlangen zu können
    - ⚠ übrige Gesellschafter haben Befriedigungsrecht gem. § 268 I 1 BGB, um Kündigung der GbR abwenden zu können

2. bei OHG/KG

- **Zwangsvollstreckung wegen Gesellschaftsverbindlichkeit**
  - **in Gesellschaftsvermögen:** Titel gegen Gesellschaft erforderlich, § 124 II HGB (i.V.m. § 161 II HGB)
  - **in Privatvermögen der Gesellschafter:** Titel gegen Gesellschafter persönlich erforderlich, § 129 IV HGB (i.V.m. § 161 II HGB)
    - ⚠ zum Privatvermögen gehört nicht der Gesellschaftsanteil des Gesellschafters, da Gesellschaftsvermögen unmittelbar haftet
- **Zwangsvollstreckung wegen Privatverbindlichkeit eines Gesellschafters:** in sein Privatvermögen samt seinem Gesellschaftsanteil
  - Pfändung des Gesellschaftsanteils gem. §§ 859, 857, 829 ZPO
  - **erschwertes Kündigungsrecht** des Privatgläubigers, § 135 HGB
    - ⇨ Folge der Kündigung: Ausscheiden des Gesellschafters, § 131 III 1 Nr. 4 HGB

Sonstige Personengesellschaften

I. Stille Gesellschaft, §§ 230 ff. HGB

➲ Personengesellschaft, bei der sich jemand am Handelsgewerbe eines anderen mit einer Vermögenseinlage, die an diesen übertragen wird, gegen einen Gewinnanteil beteiligt

- entsteht durch Gesellschaftsvertrag zwischen dem Kaufmann und dem stillen Gesellschafter
- **im Außenverhältnis** wird nur der Geschäftsinhaber verpflichtet, § 230 II HGB
- **im Innenverhältnis** hat stiller Gesellschafter Kontrollrechte, § 233 HGB, und ist an Gewinn und Verlust beteiligt, §§ 231, 232 HGB (Verlustbeteiligung ist abdingbar, § 231 II HGB)
- **zur Abgrenzung** zu partiarischen Rechtsverhältnissen vgl. 🗗 1 GesR

II. Partnerschaft, §§ 1 ff. PartGG

➲ Gesellschaft, in der sich Angehörige freier Berufe zusammenschließen, § 1 I 1 PartGG

- Partnerschaft **entsteht im Außenverhältnis mit Eintragung im Partnerschaftsregister**, § 7 I PartGG (vorher GbR)
  ⚠ auf Partnerschaftsregister findet über § 5 II PartGG § 15 HGB Anwendung
- Partnerschaft ist **rechtsfähig**, § 7 II PartGG i.V.m. § 124 HGB
- **Haftung:** Partnerschaft selbst und daneben Partner als Gesamtschuldner, § 8 I 1 PartGG; Partner haften auch für Altverbindlichkeiten, § 8 I 2 PartGG i.V.m. § 130 HGB
  ⚠ nach § 8 II PartGG haften evtl. nur einzelne Partner neben der Partnerschaft

III. GmbH & Co. KG

➲ KG, deren persönlich haftender Gesellschafter eine GmbH ist

- zulässige Mischform, kein Verstoß gegen numerus clausus der Gesellschaftsformen, h.M.
- **Vorteil:** Personengesellschaft, ohne dass eine natürliche Person unbeschränkt haftet
- **Vertretung** erfolgt zweistufig: KG wird vertreten durch Komplementärin = GmbH; GmbH wird vertreten durch Geschäftsführer, § 35 GmbHG

Verein, §§ 21 ff. BGB

➲ Gesellschaft mit körperlicher Verfassung, deren Zweck auf Dauer angelegt und deren Bestand vom Mitgliederwechsel unabhängig ist

I. eingetragener nichtwirtschaftlicher (= Ideal-)Verein (e.V.)

- **Gründung:**
  - mindestens 7 Gründungsmitglieder (§ 56 BGB) errichten eine Satzung, die zumindest Vereinszweck, Namen und Sitz enthält, § 57 BGB; mit Eintragung im Vereinsregister erlangt Idealverein die Rechtsfähigkeit, § 21 BGB
  - **nichtwirtschaftlicher Zweck:** wirtschaftlicher Zweck nach Rspr. (+), wenn auf einem äußeren Markt **planmäßig und dauerhaft Leistungen gegen Entgelt** angeboten werden
- **Organe**
  - **Vorstand:** zuständig für Vertretung, § 26 II BGB, und Geschäftsführung; auf Geschäftsführung findet Auftragsrecht Anwendung, § 27 III BGB i.V.m. §§ 664–670 BGB
  - **Mitgliederversammlung, § 32 BGB**
- **Haftung:** Verein haftet als juristische Person selbst; Zurechnung bei Organhandeln, § 31 BGB

II. wirtschaftlicher Verein

- wirtschaftlicher Verein erlangt **Rechtsfähigkeit** nur **durch staatliche Verleihung**, § 22 BGB
- **subsidiäre Rechtsform**

III. nichtrechtsfähiger Verein

- gem. § 54 S. 1 BGB findet Gesellschaftsrecht (§§ 705 ff. BGB) Anwendung; nach allg. Ansicht ist dieser Verweis beim nichtrechtsfähigen Idealverein verfehlt: auf diesen finden entgegen dem Wortlaut die §§ 24 ff. BGB Anwendung, soweit sie nicht gerade Rechtsfähigkeit voraussetzen
- nichtrechtsfähiger Verein ist parteifähig, vgl. § 50 II ZPO

Gründung der GmbH

I. Gründungsphasen

(konkludenter) Vertragsschluss (Rechtsbindungswille) →	**notarieller Gesellschaftsvertrag** § 2 GmbHG →	**Eintragung im HR** (Abteilung B)
Vorgründungsgesellschaft	**Vor-GmbH** — Identität →	**GmbH**
■ OHG, wenn Handelsgewerbe, §§ 123 II, 1 II HGB ■ sonst GbR	■ Gesellschaft sui generis ■ rechtsfähig ■ GmbH-Recht anwendbar, soweit Vorschriften nicht gerade Eintragung voraussetzen	■ juristische Person, § 13 I GmbHG ■ Formkaufmann, § 13 III GmbHG, § 6 HGB ■ körperschaftliche Struktur

II. Gründungsvorgang

Beginn: Abschluss eines Gesellschaftsvertrages; **Ende:** Eintragung im HR

1. Abschluss eines notariellen Gesellschaftsvertrages, § 2 I GmbHG

- Mindestinhalt, § 3 I GmbHG: Firma und Sitz der Gesellschaft, Gegenstand des Unternehmens, Höhe des Stammkapitals (mindestens 25.000,– Euro, § 5 I GmbHG; Ausn.: Unternehmergesellschaft, § 5 a GmbHG), Übernahme der Stammeinlagen (Sacheinlagen müssen ausdrücklich vorgesehen sein, § 5 IV GmbHG), Sonderleistungen der Gesellschafter, zeitliche Beschränkung der Gesellschaft

2. Bestellung der Organe der Gesellschaft

3. Aufbringung des Stammkapitals zumindest zum Teil, § 7 II GmbHG

⚠ entspricht Sacheinlage nicht versprochenem Wert ⇨ Differenzhaftung, § 9 GmbHG

4. Anmeldung der Gesellschaft zum Handelsregister, §§ 7, 8 GmbHG

5. Eintragung der Gesellschaft im HR

Haftungssituation bei der Vor-GmbH (1)

I. Haftung der Vor-GmbH

- Vor-GmbH ist **rechtsfähiges Rechtssubjekt**
- **Vertretung durch Geschäftsführer**
  - Handeln im Namen der Vor-GmbH (oft zu lösen über unternehmensbezogenes Geschäft)
  - **Vertretungsmacht:** grds. beschränkt auf notwendige Gründungsgeschäfte, aber erweiterbar durch Zustimmung aller Gesellschafter, h.M. (a.A. §§ 35 ff. GmbHG analog)

II. Haftung der Gesellschafter einer Vor-GmbH

1. **Echte Vor-GmbH** (= einverständliche Aufnahme der Geschäftstätigkeit durch Gesellschafter **und** fortbestehendes Ziel der HR-Eintragung)
   - **Haftung der Vor-GmbH-Gesellschafter ist umstritten:**

früher h.M., insbes. BGH, heute M.M. beschränkte Außenhaftung	**a.A. unbeschränkte Außenhaftung**	**heute h.Rspr. unbeschränkte, anteilige Innenhaftung, sog. Verlustdeckungshaftung**
= Gesellschafter haften gegenüber Gläubigern, soweit sie ihre Stammeinlage noch nicht erbracht haben, § 171 I HGB analog **arg.:** schutzwürdiges Vertrauen nur in Höhe des Stammkapitals **contra:** Missbrauchsgefahr	= Gesellschafter haften gegenüber Gläubigern in voller Höhe persönlich, § 128 HGB analog **arg.:** optimaler Gläubigerschutz	= keine Haftung der Gesellschafter gegenüber den Gläubigern, aber Haftung gegenüber der Vor-GmbH unbeschränkt entsprechend Beteiligungsverhältnis **arg.:** Gleichlauf mit Haftung nach Eintragung; zudem Beibehaltung des Innenhaftungskonzepts der GmbH **Ausn.: unbeschränkte, anteilige Außenhaftung**, wenn Inanspruchnahme der Vor-GmbH offensichtlich aussichtslos oder unzumutbar (Gesellschaft vermögenslos, Einmann-Vor-GmbH, keine weiteren Gläubiger vorhanden)

Haftungssituation bei der Vor-GmbH (2)

II. Haftung der Gesellschafter einer Vor-GmbH (Fortsetzung)

2. unechte Vor-GmbH (= einverständliche Fortführung der Geschäftstätigkeit durch Gesellschafter **und** keine Eintragung mehr beabsichtigt)

⇨ Anwendung der zivilrechtlichen Regeln über Personengesellschaften (OHG oder GbR): **persönliche, unbeschränkte Außenhaftung** der Gesellschafter, §§ 421, 427 BGB, § 128 HGB

III. Handelndenhaftung, § 11 II GmbHG

- **Voraussetzungen gem. § 11 II GmbHG:**
  - **Handelnder:** wer als Geschäftsführer oder wie ein solcher tätig wird, h.M.
  - **Handeln vor Eintragung im Namen der Gesellschaft**
    - ⇨ **Rspr.:** nur (+), wenn im Namen der künftigen GmbH gehandelt wird (**arg.:** bei Verpflichtung der Vor-GmbH besteht kein Bedürfnis für Handelndenhaftung)
    - ⇨ **Lit.:** egal, ob im Namen der Vor-GmbH oder GmbH (**arg.:** Wortlaut des § 11 II GmbHG)
- **Rechtsfolge:** Handelnder haftet unbeschränkt im Außenverhältnis

  ⚠ § 11 II GmbHG gilt nur für Verbindlichkeiten aus Rechtsgeschäften

IV. Haftung nach Eintragung der GmbH

GmbH	Handelnder	Gesellschafter
Eingetragene GmbH ist mit Vor-GmbH identisch und haftet für deren Verbindlichkeiten	Haftung des Handelnden erlischt mit Eintragung der GmbH; **arg.:** Gläubiger nicht mehr schutzwürdig	▪ keine Außenhaftung der Gesellschafter (Außenhaftung der Vor-GmbH-Gesellschafter erlischt mit Eintragung der GmbH) ▪ **Unterbilanzhaftung:** liegt Gesellschaftsvermögen z.Z. der Eintragung unter Betrag des Stammkapitals, so haften die Gesellschafter auf Ausgleich (unbeschränkte, anteilige Innenhaftung, § 9 GmbHG analog)

Organe und Haftung der GmbH

I. Organe der GmbH

1. Geschäftsführer

- **Bestellung:** entweder im Gesellschaftsvertrag, sonst durch Beschluss der Gesellschafterversammlung, §§ 6 III 2, 46 Nr. 5, 47 GmbHG, muss kein Gesellschafter sein, § 6 III 1 GmbHG
- **Abberufung** durch Gesellschafterversammlung jederzeit möglich, §§ 38 I, 46 Nr. 5 GmbHG
  ⚠ Unterscheide zwischen Bestellung zum Geschäftsführer (Organisationsakt) und dem der Tätigkeit zugrunde liegenden Dienstverhältnis
- **Vertretung im Außenverhältnis, §§ 35 ff. GmbHG:** bei mehreren Geschäftsführern grds. Gesamtvertretung, § 35 II 1 GmbHG; Vertretungsmacht ist im Außenverhältnis Dritten gegenüber unbeschränkbar, § 37 II GmbHG
- **Haftung des Geschäftsführers**
  - **gegenüber GmbH:** bei Pflichtverletzungen aus § 9 a, § 43 II, § 43 III i.V.m. §§ 30, 33, § 64 GmbHG
  - **gegenüber Dritten:** evtl. aus Rechtsschein, §§ 179, 280 I, 311 III, 241 II, 823 ff. BGB

2. Gesellschafterversammlung, § 48 GmbHG: oberstes Willensbildungsorgan der GmbH; Einberufung durch Geschäftsführer, § 49 I GmbHG; Beschlussfassung mit einfacher Mehrheit, § 47 I GmbHG; Aufgaben – soweit nicht vertragliche Abweichung – gem. § 46 GmbHG

3. Aufsichtsrat, § 52 GmbHG (fakultativ)

II. Haftung der GmbH

- **Haftungsbegründung**
  - **bei Vertrag** durch Vertretung der Geschäftsführer, § 35 GmbHG
  - **Zurechnung von Pflichtverletzungen:** bei Organhandeln § 31 BGB analog, sonst § 278 BGB (vertraglicher Bereich) oder § 831 BGB (Delikt)
- **Haftung nur der GmbH, § 13 II GmbHG;**
  Ausn.: Durchgriffshaftung gegen Gesellschafter bei Missbrauch (§ 128 HGB analog)
- bei existenzvernichtendem Eingriff Innenhaftung gegenüber der GmbH aus § 826 BGB

Alpmann Schmidt

Kapitalaufbringung und -erhaltung in der GmbH

I. Aufbringung des Stammkapitals

- Gründer müssen sämtliche Stammeinlagen übernehmen, § 5 GmbHG, d.h. sich zu Beitragsleistungen verpflichten, die zusammen der Höhe des Stammkapitals entsprechen, § 5 III 2 GmbHG
- Stammeinlage kann **nicht erlassen** werden, § 19 II 1 GmbHG; **Aufrechnung** durch Gesellschafter ist nur unter bestimmten Voraussetzungen zulässig, vgl. § 19 II 2 GmbHG; **verdeckte Sacheinlagen** befreien Gesellschafter nicht von Einlagepflicht, vgl. § 19 IV GmbHG; bei **Hin- und Herzahlen** Erfüllungswirkung nur unter Voraussetzungen des § 19 V GmbHG
- **Ausfallhaftung gem. § 24 GmbHG**

II. Kapitalerhaltung

1. Rückzahlung der Stammeinlage

- das zur Stammkapitalerhaltung erforderliche Vermögen darf nicht an die Gesellschafter ausgezahlt werden, § 30 I GmbHG
- bei Verstoß gegen dieses Verbot ⇨ **Erstattungspflicht des Empfängers**, § 31 I GmbHG (bei Gutgläubigkeit des Empfängers ist Rückzahlungspflicht eingeschränkt, § 31 II GmbHG: Erstattung nur, soweit zur Gläubigerbefriedigung erforderlich)

  ⚠ § 31 III 1 GmbHG: ist Erstattung vom Empfänger nicht zu erlangen, haften die übrigen Gesellschafter im Verhältnis ihrer Geschäftsanteile auf Erstattung, soweit es zur Gläubigerbefriedigung erforderlich ist

2. keine Kreditgewährung aus dem zur Erhaltung des Stammkapitals erforderlichen Vermögens an Geschäftsführer, Prokuristen etc., vgl. § 43 a S. 1 GmbHG; bei Verstoß sofortige Rückzahlungspflicht, § 43 a S. 2 GmbHG

MoMiG (1)

Am 01.11.2008 ist das Gesetz zur Modernisierung des GmbH-Rechts und zur Bekämpfung von Missbräuchen (MoMiG) in Kraft getreten. Schwerpunkte des MoMiG sind:

I. Beschleunigung von Unternehmensgründungen

- **Erleichterung der Kapitalaufbringung und Übertragung von Geschäftsanteilen**
  - **Unternehmergesellschaft, § 5 a GmbHG** = GmbH, die ohne bestimmtes Mindeststammkapital gegründet werden kann

    Die Unternehmergesellschaft darf ihre Gewinne nicht voll ausschütten und soll so das Mindeststammkapital der normalen GmbH (unverändert 25.000 €) ansparen. Durch diese neue Gestaltungsform der GmbH soll den Bedürfnissen von Existenzgründern, die i.d.R sehr wenig Stammkapital aufbringen können, Rechnung getragen werden.
  - **Verdeckte Sacheinlagen, § 19 IV GmbHG**

    Das Institut der verdeckten Sacheinlage (= formell ist Bareinlage vereinbart und geleistet, wirtschaftlich soll Gesellschaft aber Sachwert erhalten) ist gesetzlich geregelt. Danach wird der Wert der geleisteten Sacheinlage nach Eintragung der Gesellschaft im Handelsregister auf die Bareinlageverpflichtung angerechnet.
- **Einführung eines Musterprotokolls, § 2 I a GmbHG**

  Für GmbH-Standardgründungen (höchstens 3 Gesellschafter, ein Geschäftsführer, Bargründung) wird ein Musterprotokoll als Anlage zum GmbHG zur Verfügung gestellt.
- **Beschleunigung der Registereintragung** – u.a. durch Reduzierung der bei der Anmeldung vorzulegenden Unterlagen und Nachweise (z.B. Streichung des § 8 I Nr. 6 GmbHG)

MoMiG (2)

II. Erhöhung der Attraktivität der GmbH als Rechtsform

- **Verwaltungssitz kann im Ausland liegen** – Streichung des § 4 a II GmbHG
- **Mehr Transparenz bei Gesellschafterwechsel bzw. Veränderung des Umfangs der Beteiligung, § 16 I GmbHG** – Als Gesellschafter gilt nur, wer als solcher in der im Handelsregister aufgenommenen Gesellschafterliste (§ 40 GmbHG) eingetragen ist.
- **Gutgläubiger Erwerb von Gesellschaftsanteilen aufgrund mindestens dreijähriger unrichtiger Eintragung in der Gesellschafterliste, § 16 III GmbHG**
- **Gesetzliche Absicherung des Cash-Pooling, § 30 I 2 GmbHG**

  Cash-Pooling ist eine Methode zur Konzernfinanzierung, bei der Mittel der Tochtergesellschaft an die Muttergesellschaft geleitet werden und die Tochtergesellschaft dafür Rückzahlungsansprüche erhält.
- **Vereinfachung des Eigenkapitalersatzrechts** – Streichung der §§ 32 a, 32 b GmbHG und Neuregelung in § 30 I 3 GmbHG sowie im Insolvenzrecht, §§ 39 I Nr. 5, IV und V, 44 a, 135, 143 III InsO

III. Bekämpfung von Missbräuchen

- Um die Rechtsverfolgung für die Gläubiger zu erleichtern, muss künftig eine **inländische Geschäftsanschrift im Handelsregister eingetragen** werden, § 13 I 1 HGB.
- **Insolvenzantragspflicht jedes Gesellschafters** bei Zahlungsunfähigkeit oder Überschuldung, wenn die GmbH keinen Geschäftsführer mehr hat, § 15 I 2 InsO
- **Ausschlussgründe für die Bestellung zum Geschäftsführer werden erweitert**, § 6 II 2, 3 GmbHG

Sonstige Körperschaften

I. Aktiengesellschaft (= AG)

- **AG entsteht mit Eintragung im HR**, § 41 I 1 AktG; Gründungsvorgang, §§ 23 ff. AktG; **juristische Person**; es haftet nur das Gesellschaftsvermögen, § 1 I AktG; **Formkaufmann**, § 3 I AktG i.V.m. § 6 HGB
- **AG handelt durch ihre Organe:** Vorstand, §§ 76–94 AktG; Aufsichtsrat, §§ 95–116 AktG; Hauptversammlung, §§ 118 ff. AktG = Versammlung aller Aktionäre
- AG hat ein in **Aktien zerlegtes Grundkapital**, § 1 II AktG; **Begriff der Aktie wird vom Gesetz in dreifacher Bedeutung gebraucht:**
  (1) Aktie = Anteil an dem in der Satzung bestimmten Grundkapital
  (2) Aktie = Summe von Rechten und Pflichten des Aktionärs, seine Mitgliedschaft
  (3) Aktie = Urkunde, die seine Mitgliedschaft verbrieft (Wertpapier)

II. Genossenschaft

➲ Gesellschaft von nicht geschlossener Mitgliederzahl, welche die Förderung des Erwerbs oder der Wirtschaft ihrer Mitglieder durch gemeinschaftlichen Geschäftsbetrieb bezweckt, vgl. § 1 GenG

- Genossenschaft **entsteht durch Eintragung im Genossenschaftsregister**, § 10 GenG
- ist körperschaftlich organisierte **juristische Person**, § 17 I GenG; **Formkaufmann**, § 17 II GenG i.V.m. § 6 HGB

III. Kommanditgesellschaft auf Aktien (= KGaA), §§ 278 ff. AktG

➲ Gesellschaft mit eigener Rechtspersönlichkeit, bei der mindestens ein Gesellschafter den Gläubigern unbeschränkt haftet und die anderen Gesellschafter an dem in Aktien zerlegten Grundkapital beteiligt sind, ohne für die Verbindlichkeiten der Gesellschaft zu haften (Kommanditaktionäre), vgl. § 278 I AktG

Notizen

Notizen